明日へつなぐ言葉

沖ななも

北冬舎

明日へつなぐ言葉⇩⇧目次

一　言葉は遺産

3

4

5

二　言葉は世につれ

1

2

三　言葉の機能

装丁＝大原信泉

明日へつなぐ言葉

一　言葉は遺産

初出＝「熾」(月刊)２００４年(平成16年)４月創刊―２００８年(平成20年)12月号

1

なぜ、いま、こうなのか。

近江八幡に行く機会があった。運良く、国の無形民俗文化財になっているという左義長が行われていた。赤い紙をひらひらさせた山車《だし》が練り歩く。そして、別の山車と出くわすと、山車と山車をぶつけ合って、「けんか」というものをする。相手をねじ伏せるように横倒しにする勇壮な祭りだった。ガイドの人に聞いたところでは、それで勝負というわけではないという。

かなり激しい祭りだったが、男がみんな化粧をしている。いまどきの男の子は祭りに化粧するのだなあ、と感心した。聞いてみると、これがこの祭りの特徴なのだそうだ。織田信長がみずから化粧し、派手な衣裳に着飾って参加したのだそうで、化粧するのが伝統のものらしい。

考えてみると、昔の男性、たとえば武士であっても、案外派手だった。化粧はともかく、服装もさまざまな模様があった。それより前の時代、公家が化粧をするのも珍しくはない。光源氏の服装などはどんなにか華やかだったことか。

いまのように、男の服はダークスーツ一色というのも、そう昔からのことではない。服装に限らず、伝統だと思っていることが大した歴史でもなかったりする。いま伝統だと思っていることの多くは明治あたりからであることが、案外多いものだ。

伝統とは単に古くからあるものということではなく、そこから繋がって、どのような経緯でいまに及んだかということが大事なのではないか。いま在ることの意味を探るということではないだろうか。

その反面、地名などは由来が分からなくなっているものが多い。「さいたま市」も、北区だの、南区だの、地名の由来が不明瞭な名前が付いてしまった。こうして、だんだん文化の足元が危なくなっていくような気がする。近江八幡の左義長にしても、なぜ山車をぶつけあうのか、ガイドの人も知らなかった。

なぜ、いま、この状態なのか。なぜ、いま、ここにあるのか。どこかで知っておく必要があり、考える必要があるだろう。

漢字の深い意味

昔、印刷が活版だったころ、たとえば「厂史」というように略した字を書いても、植字工さんが「歴史」と正しい字を拾ってくれた。手書きというものは、味はあるものの、人によってはとても読みにくい。ところが、いつのころからか、「厂」というような文字をわざわざ作ってくれるようになった。ありがたいような、ありがたくないような。

活字を作る会社によって、多少母型が違う。だから、「凛」であったり、「凜」であったり、あるいは「八」であったり、「八」であったりで、こだわる人はこだわる。おまけに、「国語審議会」で使わない字などが決められて、さらにごっちゃになってしまった。「吉」や「閒」は、いまは使われない。

漢字制限も多少はしかたがないこともあるが、「閒」などは、門の隙間から月が見えるということを表す字だそうで、（もっとも門の間から日が見えたっていいけど）、漢字の意味がだんだん薄れていくのはなにかさみしい。

「熾」も、右側は「Y型のくい＋音符弋」という成り立ちで、目印に杭を立てることで、それに音として火を加えて、火を燃やして目印にしたということらしい。あまり詳しく考えて誌名としたわけではなかったが、漢字の成り立ちを知るとなかなか面白いものだ。

活字離れ、漢字離れがある一方で、凝った漢字を使う人たちが増えているらしい。外国語が見ただけでは分からないというのに対して、漢字に込められた意味を深く感じているということだ。深い物を欲する気持は自然のもののように思う。

虹は何色《なんしょく》

名前、あるいは命名というのは、なかなか面白いものだ。

たとえば「オオハコベ」があるかと思えば、「コハコベ」もある。ちょっとした違いで名前が違う。もちろん、この二つは植物学的に違う。しかし、「イチイ」は「オンコ」とも言う。あるいは「アララギ」とも言う。まったく同じ木でも違う名前がある。「彼岸花」などは「曼珠沙華、死人花、剃刀花、捨て子花、天蓋花」などなど、いくつも異名を持っている。

色の名前にしても、似たような色にさまざまな呼び名を付けている。紫をとっても、「江戸紫、京紫」、原料の違いで「偽紫」、時代で「今紫」などもある。赤に近い「赤紫」、青みがかった「青紫」、「滅紫《けしむらさき》」などというのまである。紫はとてつもなく多種類である。紅も同じくらいあるし、黄色もたくさんある。合わせればキリがないほど、色の名前はある。

たしかに自然界にある色は、いくら名前を付けても付けきれないほど複雑だ。樹木にしても、一本として同じ色はない。花の色も、その年によって違ったりする。

私たちは、その数限りない種類を、ある程度の種類に分類することで満足し、事足りている。しかし、考えてみれば、事足りたと思っているだけかもしれない。事は足りていないのかもしれないのだ。常にどこかで、新しい言葉を生み出さなければいけないのではないか。

言葉そのものを生み出すのは大変なことだが、組み合わせによって、新しい世界を展開することはできる。詩とは、あるいは歌とは、その新しい組み合わせによって（むろん、新しい言葉そのものを生んでもいいが）、新しい世界を生み出すことではないだろうか。

私たち日本人は虹を七色だと思っている。しかし、世界の国々を調べてみると、三色などというところもあるらしい。虹は世界中で同じ色のはずなのに、色を表す言葉がないので、三色ということになっているのだ。言葉は複雑なほうが文化程度が高いと言えないだろうか。つまり、細かくネーミングがなされているということなのだから。

漢字制限

六月二十六日の朝日新聞に載っていた白川静氏の論を読んで、とても共感した。

人名に使ってもよいという漢字が発表されたことへの一説なのだが、範囲が広がったことはいいとしても、かつての占領政策として定まったものを、単に範囲を広げたということでいいのかどうか。また「常用漢字」との関連がなく、読み方の規定もない。したがって、馬をウシと読んでもよいという矛盾を指摘している。

漢字には文化があり、その時代の推移があるので、いちがいに使用頻度の多い少ないだけで決めてしまうのはどうかという。

あらためて考えると、私たちも校正などをしていて、旧字（古い漢字）を現代風に直してしまっているのだが、ほんとにそれでいいのか、いつも迷っている。「常用漢字」に当てはめようとしているのだが、しかし文学表現としてはそれでは追いつかないところもたくさんある。「常用漢字」で「思・想・憶・念・懐」は音としては使えるが、「おもう」という読み方はできないそうだ。「樹」は「き」とは読まず、樹木などとして使うということらしい。しかし、私たちは「おもう」とも、「き」とも読んでいる。

人名でも、内田百閒の「閒」とか、木下杢太郎の「杢」などは、いまの人名漢字には入っていないだろうが、当然、実在の人物だから、そのように書く。これは過去の人物だから承認されているのだろう。あらためて、こんなにも漢字が制限されているのかと思う。「想う」をまちがいだと指摘した人がいたとしても、それをまちがいだと言えないことになる。

たしかに漢字は難しい。したがって、子供たちに教育するにはある限定が、というか、ここまで知っていればいいという範囲はあるかもしれない。しかし、「制限」というのはどういうものだろう。

白川氏も、人名制限について、「人格権の表示にふさわしい文字を提示すべき」と書いている。何が人格権にふさわしいか、どういう漢字が現代にふさわしいか、主観の入ることなので難しいだろう。しかし、そもそも、国が「制限」するものなのだろうか。

「雑」恐るべし

武蔵野には雑木林が多い。野火止の平林寺裏山が有名だが、埼玉県から東京都の端のほうにかけて、いわゆる武蔵野と言われるあたりにはどこにでもあったものだ。近頃はその雑木林がめっきり減ってきている。

さて、雑木林の「雑」とはなにか。雑木林とは何種類もの木が集まっている林のことである。いろいろなものが混じっているのが「雑」なのである。しかし、雑草などというときは、むろんいろいろな草ということもあるだろうが、むしろ役に立たないもの、あるいは観賞に堪えないもの、という意味合いになるだろうか。

しかし、役に立たないものなんかない。これまで、役に立たない木だから「樵」と書いた木が、いまになって、保水力抜群の、無くてはならない木だということが分かった。食べても消化しないから、栄養がなくて無駄だと言われていた食物繊維が、じつは人間の体を掃除してくれる絶対に必要なものだった、というのも、やっと分かったことなのだ。

「雑」、恐るべし。

和歌には分類があって、春夏秋冬、それに恋。どれにも属さないのを「雑」と言った。これは、「ぞう」と読むから、なんとなく「ザツ」よりは高尚に聞えるが、属さないとか、いろいろなものが混じっている、ということなのだろう。いっけん、「雑」というと、「その他」というイメージ、あるいは「主ではないもの」というイメージがあって、一段低いもののような印象がある。

「雑、恐るべし」

けして、そうではない。「雑」のなかにも名歌はたくさんある。

現在ではむしろ、「雑」に属する歌のほうが多いだろう。「雑」とはもっと自由で、日常の感情が盛り込める。私たちの生活のなかには、大きな感動というものはけして多くない。むしろ、坦々としているのが日常というものだろう。その雑多なもののなかから、自分が必要とするものはなにかを見きわめる。けして不要なものなどではなく、雑然としたなかにこそ、豊かなものが潜んでいる。

パターンへ導かれ

私の話はだいぶ時代遅れなので、書くのも恥ずかしいことながら、古色蒼然としたケータイがあまりに恥ずかしいので、新しいのに変えることにした。

文字を打ち込むのがじつに簡単になっていることに、まず驚いた。操作が簡単で、何年か前に苦労して習得しようとした（結局、習得できぬままに終ったが）技術はいったいなんだったんだろう、と思うばかり(もちろん、簡単なところだけを使うようにセットしてもらったこともあるのだが)。

その簡単になったことの一つに、半分も打ち込まないのに、それに続く言葉の候補が次々に現れることである。「ケータイ」を持っている人は、そんなこと当たり前と思っているだろうが、じつはそれって大変なことなのだ。先回りして「ケータイ」が私の行く先を引導しようとしている。それも、こうあるべきという方向にである。つまり、パターンのオンパレードということになる。

もともと、メールなどというものは、簡単な伝言さえできればいいわけで、特別のレトリックなどは必要はない。したがって、パターンのオンパレードであっても、なんの不都合もない。けれども、もしかしたら、そんなパターンがなかったら、方言やら、語り言葉、その人の口癖のようなもの、あるいは年齢による言い回しの違いなどなど、変化に富んだ表現が生まれたかもしれないと思う。

便利さにかまけて、それぞれが本来持っている個性を失っていくかもしれない。プログラムを作るのは人間だから、作った人間に引きずられていることにならないか。コンピュータープログラマーに先導されるのはたまったもんじゃない。

反発して、まったく違った言い回しをしようとすると、こんどは入力が難しくなるときている。簡単なほうへ、簡単なほうへと引きずられながら、いつのまにか自分自身とは違うところに流されていくことになるのだろうか。せめて短歌では自分らしいものを作っていきたいものだ。

遠くなった「生」「死」

「熾」全国研究集会の下見で伊東へ行ったとき、「木下杢太郎記念館」にも寄ってみた。記念館には杢太郎の生まれた部屋というのがあった。生家というのはよくあるが、生まれた部屋というのはあまり見たことがなかった。たしかに生家といっても、かならずしもその建物のなかで生まれたとは限らないかもしれない。昔はみんな、家で出産をしたものだったが。

その部屋は台所にも店にも近くて、母親の苦しげな息遣いや赤子の産声など、家中に響き渡ったことだろう。家族がみんなで、「産まれた」ということを実感したにちがいない。日常の生活のなかに、自然に一人の人間が溶け込んでいったと思う。

近頃、子供の犯罪が増えた。アンケートを取ったところ、小学校三年生から六年生までの三十四パーセントが、「人は死んでも、また生き返る」と答えたそうだ。

「生」にしても、「死」にしても、実感がないのだろう。前記の杢太郎のような家では、誰かが亡くなるときも家のどこかの部屋で亡くなって、小さい子供でも「死」というものを理屈以前に受けとめることになる。命が大事、と口をすっぱくして教えても、実感がなければどうにもしようがない。テレビドラマやゲームと、実の世界との垣根がほんとうに低くなってしまった。

こうしてみると、「言葉」がいかに無力かということを思う。そんなことは先人が「百聞は一見に如かず」と言っていたではないか。

それでは、言葉あるいは文字を使う表現は、映像に負けてしまうのだろうか。たしかに視覚的な感受、あるいは皮膚感覚として、暑いとか、痛いとか、苦しいというほうが伝達には力がある。9・11だって、あの映像を見なかったら、よその国の出来事で終ってしまったかもしれない。

そうした弱点を残しながら、それでも言葉の表現は有効なものだと思う。人間には想像力があり、見たものとは違うかもしれないが、現実とは違うが、それとは質の違った衝撃を生み出すことができるのではないかと思う。それができるのも、死や生を実感としてまず受け止めることが絶対条件だろう。

辞書が先か、慣用が先か。

電車のなかで読もうと思って、『間違いだらけの日本語』という本を買った。こうした言葉に関する本が最近はたくさん出ている。言葉が乱れていると言われているが、案外多くの人が言葉に関心を持っているのかもしれないと思う。

そのなかで、「一所懸命」を最近は「一生懸命」と言い換えているが、時代が変ったのだから、それでもいい、と書いている。たしかに最近は、新聞でも「一生懸命」だ。

それに対して、「決着」については、なにがなんでも「決着」でなくてはならず、「結着」であってはいけないみたいに書いている。新聞では「決着」だそうだが、『広辞苑』では両方許容している。「一生懸命」がいいなら、「結着」だっていいようなものだが。

たしかに言葉は時代によって変る。変っていくのが当然だから、元はこうだった、語源はこうだ、とこだわりすぎるのもよくないかもしれない。

たとえば「弱冠」。これは二十歳のことで、転じてかならずしも二十歳でなくても、若いのに実力があるというようなときに使う。しかし、この若いというのをどの程度の年齢まで許すかだ。では、「妙齢」。これは若い女性で、結婚適齢期の年齢を言うらしい。これも結婚年齢が上がっていくにしたがって、三十歳だって、四十歳だって、「妙齢」でいいじゃないかと居直ってみたくもなる。

「紅顔の美少年」と言う。「紅顔」は少女には使わない、とこの本では言っているが、『広辞苑』では、「婦人の麗しい容貌。また、年若い頃の血色のつやつやした顔」と解説してある。言葉は辞書に載っているのとは若干違ったニュアンスで使っていることがある。「紅顔」も、やはり「紅顔の美少年」と言い習わしていて、「紅顔の美少女」とはあまり言わないかもしれない。

そもそも、先に辞書ありき、なのだろうか。もともと実際に使っている言葉を体系的に表したのが辞書ではなかっただろうか。

2

季節のことば

俳句と違って、短歌には季語はいらない。というより、入れなければならないという決まりはない。しかし、やはりどこかに季節の香りが欲しい気がする。

日本には季節を表す、素晴しい言葉がたくさんある。

たとえば、「秋の雨」なら、「時雨、秋霖」、冬なら「氷雨」など。「驟雨」というと、急に降って来る「俄雨」だが、「日照り雨」も同じ「俄雨」。「日照り雨」は「狐の嫁入り」などとも言う。同じ「俄雨」でも、言葉のニュアンスで微妙に感じが違うものだ。

「淫雨」なんていうのもあって、いかにもじめじめした感じだが、いつごろから使われ始めた言葉なのだろう。

色の名前でも、驚くほど美しい名前がある。「甕覗《かめのぞ》き」という色もある。藍を染めるとき、じっくり甕に浸けるのではなく、藍甕をちょっと覗いた程度の薄い藍色ということらしい。なんとしゃれた色の名だろう。

日本という国は、ほんとうに繊細な文化を持っているが、やはり季節の変化が大いに影響している。

四季というが、じつはもっと細かく「二十四節気」。二十四にも分かれているのである。つまり、二週間ごとに季節の名前が変わるということだ。

「立春　雨水　啓蟄　春分　清明　穀雨　立夏　小満　芒種　夏至　小暑　大暑　立秋　処暑　白露　秋分　寒露　霜降　立冬　小雪　大雪　冬至　小寒　大寒」

というわけだが、いったいいくつ覚えているだろうか。

「啓蟄」といえば、太陽暦で三月初めごろ、冬籠りしていた虫たちが這い出すころということだが、いまでは一年中、虫が這い回っている。「霜降」は十月終りごろのことだが、霜が降りるどころか、紅葉もまだというのがこのごろの気候だ。

言葉が現状にそぐわなくなった。二十四の季節のずれどころか、四季のずれさえある。今年は十一月になっても、半袖で十分だった。「二十四節気」などという言葉は、天気予報のツマに使われるぐらいにしか役に立たなくなってしまうのだろうか。

人は変っても自然は変らないというはずだったのが、自然も大幅に変ることになってしまって、美しい言葉も化石のようになってしまいそうだ。

目に見えないもの

『風の博物誌』（ライアル・ワトソン著、木幡和枝訳、河出書房新社）という本を読んで、なかなか面白かった。といっても、ここで解説するだけこなれていないので説明はできないが、風というものが一筋縄ではないことだけはよく分かった。

風は、生命力のある仮の姿、暗喩だという。たとえばアラビア語の「ruh」は息、あるいは霊を意味する。ヘブライ語の「ruach」は創造とか神性、ギリシア語の「pneuma」、ラテン語の「animus」などは魂を意味するらしい。私はアラビア語もヘブライ語も、もちろんギリシア語もラテン語も分からないから、引き写しだが、風あるいは空気というものが、いかに人間の存在に大きな意味を持っているか。

もちろん、空気がなければ人間は生きていけないが、それだけではなく、文化を作り上げていく過程での意味合いである。そして、神秘的なものとして理解しているのは、世界中、どこでも共通しているらしいのだ。

ちなみに日本語でも、風は、教える、神意を伝える、導く、というように展開していくらしい。風俗、風景、勢い、常ならぬもの、狂えるものなどと広がっている。風と狂えるものとは結びつかないようだけれど、たしかに「風狂」などという言葉もある。

『空気の発見』（三宅泰雄著、角川文庫）という本もあった。見えないものを単に「ない」とせず、かえって神秘性を感じるというのはすごいものだと思う。

つい、私たちは見えるものに価値を置いてしまいそうだが、かならずしもそうではない。見えないものに意味を見つけてきたのが人類の歴史だった。科学が発達して解明できないものが減ってきているが、そのためにかえって見失ったものもあるかもしれない。

言葉の語源を辿ってみると（自分で辿ったわけではない、辿った人の本を読んだだけだが）、人間の姿が見えるような気がする。そのことで、私自身がすこし謙虚になれるような気がするから不思議だ。これも目には見えない。

忘れる

最近、物忘れが激しい、という場面が多い。吾も彼もである。誰かと話していると、かならずと言っていいほど、物忘れの話題でひとしきり盛り上がる。ことのついでに、「忘れる」という言葉を辞書で探してみた。

「物忘れ＝物事を忘れること。失念」、「度忘れ＝ふと忘れて、どうしても思い出せないこと」、「年忘れ＝その年の苦労を忘れる意味で年末に行われる宴会」、このあたりは当然の意味で、ふむふむとうなずくばかりである。

「忘れ扇＝秋になって使われなくなり、忘れ去られた扇」、「忘れ音＝季節を過ぎて虫などの鳴く音」、「忘れ咲き＝その時でないのに咲くこと」、「忘れ霜＝名残の霜、わかれ霜」。「忘れ扇」など、忘れるという主体性ではなく、忘れられるという意味で、なんとなく抒情性が感じられる言葉になっている。このあたりになるとちょっと意味は広がるが、忘れたころに咲くとか、忘れたころに降りる霜などと考えれば、「忘れ」と繋がる。

しかし、「忘れ貝＝二枚貝の離れ離れの一片」、「忘れ形見＝父の死後に遺された子・忘れないために遺しておく記念の品」、「忘れ潮＝海水が満ちた時に岩のくぼみなどにたまったものが干潮になってもそのまま残っていること」などとなると、かなりかけ離れてくる。「忘れ潮」は、波が忘れていった潮という意味なのだろうか。

ためしに漢和辞典も引いてみる。「忘却」とか、「忘恩」とか、漢字の熟語にはこういう幅の広さはなく、忘れるという意味に徹しているようだ。漢字の熟語ではもともとの意味しかなかったものが、和語というか、大和の言葉になってくると急に意味の幅が広がってくるのが面白い。どことなく「余韻」のイメージが加わるように思う。「忘れる」ということをマイナスには捉えないで、影のようなニュアンスをこめて使ってしまおうという意図が見えないだろうか。たとえば「都忘れ＝植物の名」などという、なんともゆかしい名前まで付けてしまうのである。

古の日本人は言葉の天才だと思う。

オノマトペ

「バアーと来て、グワッって、だから、ドドドッてこっちもさ。ギャハハ」

「うーん、ばあって、ドバーンだもんね、ちょーぐれぐれよ」

って、なんのことかちっとも分からない会話で、ギャルと呼ばれる少女たちの会話は成り立っているらしい。感性の近い者同士、あるいは小さな「村」のなかにいる者同士は、これでけっこう通じる。

もっとも年輩者だって、あれ、それ、あの人、代名詞で、大方通じてしまう例もあるから、若者の特権というわけでもない。

かつて劇画というものが流行ったことがあった。かなり古い話である。ちょっと覗いてみると、「ギャー」とか、「グウワアーウウン」とか、「ガクガクグウーン」などという、不思議な音らしきものが、字とも絵ともつかないような迫力で、ページいっぱいに書かれていたのを思い出す。

私はこれを読むのに苦労した経験があるが、若い人たちはこれを読んだりしない。見るだけでいいのだ。文字ではあるが、文章ではないのである。

たしかにオノマトペはけっこう便利な言葉だ。だいいち迫力がある。うまく使うと、臨場感もある。しかし、たぶん辞書には取り上げられないだろうから、いつまで通じるかはちょっと心もとない。

最近の若者の（私もこういう物言いをするようになったということは、そうとう向こう岸が近づいた証拠である）語彙の少なさは驚くほどだ。感性だけでしゃべっているというほうが近いのじゃないだろうか。意味そのものより、ニュアンスだけで、むしろ、意味を排除しようとしているように見える。

町で見かける英語のようなフランス語のような、どこか分からない外国語の氾濫によって、言葉の意味を失いかけているような気がする。外国映画の題名も、そのままカタカナで表していて、翻訳をしていない。それでもすこしも不自由ではない。日本語である必要はないのだ。はっきり意味の分からない外国語も、一種のオノマトペと同じで、感性で受け止めてしまっているのではないだろうか。

気骨《きこつ》か、気骨《きぼね》か。

最近、話題の某社長のことをお騒がせ人物とか、金にあかして、という批判があるのに対して、閉塞状態の日本の現状を切り拓いてくれそうな気骨のある人物という評価もあるようだ。

「気骨」という言葉も、最近、あまり聞かなくなった言葉の一つである。

言葉が使われなくなったということは、そういう状態がなくなったということでもある。つまり、この場合で言えば、気骨のある人物が見当たらなくなったということなのではないだろうか。たしかになんとなく懐かしいような言葉である。

「気骨《きこつ》」であれば、「気骨のある人物」という例文が浮かぶ。しかし、「気骨《きぼね》」というと、ちょっと違う。「気骨が折れる」となる。いろいろ気を使って疲れるという意味。

「きぼね」と「きこつ」、同じ字を書いても、まったく意味が違う。「きこつ」とは、どんな骨なのだろう。「きぼね」とは、どんな骨なのだろう。

「こつ」と「ほね」とでは使い道が違うらしい。語源などは分からないので、これ以上、考えがつかないのだが、とにかく読むのにけっこう苦労するのが日本語である。

ずっとずっと前、何十年か前、演劇の台本の下読みをしていて、「御前様」というのが出てきて、「おまえさま」と読んで笑われたことがある。「ごぜんさま」だった。そのころは若かったし、柴又の寅さんもなくて、「ごぜんさま」などという言葉は知らなかった。「ごぜんさま」と言えば、夜中の十二時を回ってから帰宅するご主人のことを「午前様」だと思っていたから、恥ずかしい思いをした。

「芳しい・香ばしい」これも「こうばしい」「かんばしい」、両方に読める。どちらも香りが良いことだが、微妙に違うのだ。特に「かんばしい」は「芳しい成績で」などと使われ、匂いとは離れてしまうこともある。

すこし古い言葉で言えば、「兄・夫・背」などは「夫」のことでもあり、場合によっては女から見た「男の兄弟」の場合もあるという。そのあたりの判断は分からない。もちろん、いま使われる言葉ではないが。なかなか難しいものである。

想定内

ちょっと世間を騒がせた若い企業家が、たびたび「想定内ですから」と言っていて、ちょっと耳に残った。

昨今、言葉の乱れが指摘されているが、それなども「想定内」だろうか。たしかに昔から言葉の乱れというのはあって、いつでも大人は怒っていたものだ。「ら抜き言葉」などと言って忌み嫌っていた人も多かったが、いまはあまり言われなくなったのではないだろうか。

言ってもしょうがない、水の流れを止めることはできなかった。私なども「ら抜き」はいやだと思っていたが、気が付くと自分でも使っていることがあるのだ。

じゃ、敬語はどうだろう。

犬や猫に「ご飯をあげる」のも常識になってしまった。では、どうしてそうなったかというと、犬猫の身分が上がったからである。昔は、外で飼うとか、食べ物も人間の残り物だったりしたのだ。しかし、いまでは家族の一員として食事（食餌ではない）を与え、洋服を着せ、温泉にも行き、マッサージまで受けている犬がいるのだ。

ペットの身分が上がれば、敬語も使われる、これも「想定内」のことなのである。

たとえば「耳障《みみざわ》り」といえばマイナスイメージだ。しかし、最近は「耳障りのいい日本語」などと言う。これも「手触《てざわ》りがいい」という言葉と一緒になってしまっているのだ。「障り」と「触り」の違いがあっても、音が同じだから混同されてしまうのも「想定内」である。

言葉が微妙に変ってくるのは、多少「想定内」であることが多い。多くは原因や経緯がなんとか辿れるのではないだろうか（もちろん私ではなく、言語学者ならばという限定はあるが）。

しかし、イントネーションや発音となると、想定するのが難しいのではないかと思う（これも、ただ私がそう思うだけで、言語学者にはできるかもしれないが）。たとえば「彼氏」は、「か」が強いか、「れ」が強いか、時代によって違うのである。

もう一つ、最近、気になるのは、「病院」が「びょうぇん」、「大学」が「だぇがく」、「もしもし」が「もしぇもしぇ」と聞えることである。これも「想定内」なのだろうか。

少年期・少女期

たとえば少年という言葉、辞書には「年の若い人、多く男子をいう」と出ている。しかし、

「少年法」などというときは女性、つまり少女も含み、二十歳未満。児童福祉法では小学校就学から十八歳までだそうだ。ちなみに、少女といえば「年若い娘、乙女」などと出ている。では、青年はといえば、『広辞苑』によると、「青春期の男女。多く十四、五歳から二十四、五歳の男子をいう」。青春期を十五歳とすれば、少年法の十九歳と比べると、一般的な感覚とでは逆転しているようにも見える。

あくまで一般的に言っている言葉では、幼年期、少年期、青年期ということになるのだが。幼年期はともかく、あとの二つは、どう見ても男性を指すように思う。辞書には青春期の男女などと書いてあっても、女性に対して「青年」とはあまり言わない。

少年に対して少女、青年に対して、その年頃の女性はなんと言うのか。先日、「作品研究」をしていて、寺松滋文さんとの間で話題になった。

年若い女性を指す適切な言葉がないのである。昔なら、「むすめ」「おとめ」という言い方もあった。しかし、これも少女期くらいを指すだろう。

また、年上の場合はどうだろう。老年期、中年期などは男女ともに使うと思うが、壮年期はやはり女性にはあまり使わないのではないだろうか。女にだって、壮年期と言われるような働き盛りはあるのに。

つまり、女性の年齢を表す言葉は特に設けられていないのである。便宜上だったり、対語としてあとから作られたりしたのだ。言葉は社会を反映している。

では、逆に「未亡人」という言葉はあるが、その逆の言葉はあるのか。「やもめ」という言葉は男女両方に使うけれど、「おとこやもめ」などとわざわざ男を付けて言うのだから、本来、女性を指したのだろう。それで、あとから男性の場合でも使うようになったということだと思う。連れ合いに死なれた場合、女性だけが一つの意味を持ったということだ。

青年期の女性の社会進出が盛んなのだから、新しい言葉を作ってもいいかもしれない。

日本語の衰弱

日本語はなかなか便利な言葉だ。漢字、カタカナ、ひらがながあって、漢字を忘れても、とりあえず仮名で書いておけばなんとかなる。その上、外国語にはカタカナを当てるという一般的なルールがあるから、外国語の難しいスペルを覚える必要もない。でも、ちょっと発音が違うな、というときは、「ヴェ」など、本来、濁点の付かない「ウ」に濁点を付けるなどという芸当もやってのけて、発音に近づける努力も見える。

たとえば国の名前、「亜米利加」「英吉利」「印度」などは音声に漢字を当てたのだろう。特に「米国」「英国」などという短縮型は便利だ。「埃及」「葡萄牙」「西班牙」、これなどは読めるだろうか。特に音韻から来ているわけではないらしい。

「埃及」はエジプト。なるほど埃が及んでくるなあと思うと、なにか楽しい気分になる。「葡萄牙」はポルトガル、「西班牙」はスペインである。葡萄の産地ということか、牙は大陸からちょっとでっぱった土地ということか。

スウェーデンは「瑞典」、ノルウェーは「諾威」、デンマークは「丁抹」。これなど、ちょっと思いが及ばないが、なにか意味があるのだろう。「諾威」などは、なんとなく周りの威を受け入れてしまうようで、どうなんだろうと思ってしまう。

かなり当て字的なところはあるけれど、当時の人たちが苦心しながら日本語に当てはめているのがよく分かる。こんな当て字ばかりでなく、哲学的な言葉、観念的な言葉、思想的な言葉などは、その思想を取り入れようとして、さまざま苦心して翻訳語を作っていった。新しい事柄、思想を取り入れて、それにふさわしい言葉を新しく作る。ということは、相手を自分に近づけているということでもある。

いまは翻訳せず、そのままを使う。カタカナがあるから、そのほうが容易《たやす》い。映画の題名などもあまり翻訳せず、そのまま使うことが多くなった。そのまま使うのはどちらがどちらに近づくということではないのかもしれない。「ナーバス」「ソーホー」も一般的になってきた。

しかし、このごろ、日本語をわざわざ外国語に置き換えている例がたくさんある。売店を「キヨスク」、介護を「ケア」、看護婦を「ナース」とか。

だんだん日本語が衰弱してきているなあ、と感じる、このごろ。

言葉の変容

高校生のころ、英語の得意な同級生が、「私たち」と言うところで「ミーたち」と言った。気《き》障《ざ》な野郎だなと思った。ほんとに気障なヤツだった。〝妙な言葉を使うなっ！〟と思った覚えがある。その人のことはそれ以外なにも覚えていないのだから、よほど強烈に反発を感じたのだろうと思う。ところが、先日、新聞を読んでいて驚いた。小笠原諸島のほうでは、「私たち」を「ミーラ」と言うらしい。英語と日本語がミックスされたような言葉がたくさんあるというのだ。「メイビーしたら」は「もしかしたら」という意味だそうだ。

もちろん、気障で言っているわけではない。小笠原の歴史がそういう言葉を生んだということだ。江戸時代の初めに欧米人とハワイ系の人が入植し、続いて日本人が入植、そのあと無人になった時代もあるが、戦後、米軍の統治下に置かれて欧米系の島民が戻り、その後、日本に返還されて日本人島民も戻った。その後に移った人たちもいて、独特の言葉ができあがっていったらしい。しかも、きちんとした文法のもとで使われているというのだ。単に真似して使ったという程度ではないのだ。

出自の違う人間同士が共存していこうとすると、文化や習慣を解け合わせなければいけないように、おのずから言葉も融合させていくようなことになるらしい。いや、むしろ言葉を融合させることで、文化や習慣の折り合いが付けやすくなるのかもしれない。生活の上で言葉がいちばん大事なことだから、共通のものとして形が作られていったのだろう。言ってみれば、通貨のようなものだ。

私たちはいま、あまりに外国の言葉を取り入れすぎているように思うが、それは、もしかしたら文化を取り入れるために、自然にそうなっていっているのかもしれない。しかし、小笠原の島民はルールを持っていて、無防備に取り込んだわけでもないだろう。

必要があって言葉が変っていくことはしかたがないことだとは思うけれど、強いほうへ擦り寄っていくような言語の変容は、なんだか媚びているように思えて情けない。

兎に角

この原稿を書いているのは旧盆の最中。暑い。蒸し暑い。兎に角、暑い……？　兎に、角なんて、あったっけ。というわけで、インターネットをさ迷うことになる。この暑いのに、思い立ったら、なんとかしたくなるのだから不思議だ。

それで分かったことは大したことじゃなかった。「兎角亀毛」なんていう言葉から来たのじゃないかというのもあった。なるほど、亀に毛はない。「実在しないもの」という意味らしい。けど、「兎に角」の意味ともちょっと違う。このような当て字のようなものは夏目漱石が好んで使って……、なんて解説もあり、〝なるほど好きそうだなあ〟などとぼんやり考える。

暑い、気力がない、これ以上、調べる気にならない。ぐだっとしていたら、うしろの仏壇から、「四の五の言ってないで、早く仕事しなさい」という母の声が聞えたような気がした。たしかに昔はよく、そんな言葉を聴いたものだ。「四の五の」ってなんだ。で、また調べる。

博打のサイコロから来ている、と書いてある。あくまで一つの意見だが（インターネットは、やはりその程度なのだろう）。サイコロの四と五が見分けにくいところから来ているという。

「兎に角」は兎も角、「四の五の」という言葉はいまでは死語に近い。若い世代では使わなくなった言葉の一つだろう。私の若かったころ、母親の世代ではよく使っていたが、私自身はあまり使った覚えがない。そう言えば、先日、三十歳くらいの女性が使っていた。聞いたら、彼女はお祖母ちゃん子だという。

言葉が変化していくのはしかたがない。古い言葉が使われなくなるのもしかたがない。けれど、お祖母ちゃんやお祖父ちゃんの使っていた言葉を自然に継いでいくとしたら、その人自身の財産にもなる。言葉は受け継ぐ財産でもある。

核家族になって、受け継ぐ言葉の数がだんだん減っていく。習慣や知恵など、受け継ぐもののなかには言葉もあるのだ。言葉を受け継ぐことが人間の深さでもある。だんだん言葉も底が浅くなる。そんなふうに思うのも、私が年を取ったせいかもしれないなあ。

どっちつかず

遠近両用の眼鏡をお使いの方も多いのではないだろうか。
もちろん、私もいつからか遠近両用を使い始めて、なにを隠そう、最近、三つ目を買うはめになった。一段と度が進んだということだ。さらに言えば、ついでに手元用も買った。本を読むときは両用より疲れない。これも、じつは二つ目。で、いままで使っていたものが不要になったかというと、これがそうでもないのだ。遠くも近くもないところを見るのに、これがちょうどいいのだ。

遠近、そして中間。机の上に三つの眼鏡を置いて、使い分けている。立ち働き用、読書用、そしてパソコン用である。

考えてみれば、「遠・近」と二通りに分けて事足りると思うのも、なんだか姑息な気がする。先ごろの選挙で、「賛成か反対か」と、しごく単純な「二択」を叫んで大勝した御仁もいたけれど、ことはそう簡単ではない。

世の中には、右でも左でも、上でも下でもない、真ん中あたり、いや真ん中でもなく、どちらともつかない位置を占めているものがいちばん多いのだ。一位と最下位の間に、二位三位四位……無数の存在がある。右でも左でも、遠くも近くもない中間という概念が、じつは面白く、かつ大事なのではないだろうか。

ちなみに「中」という字は、中心あるいは半ば、中間という意味である。内外《うちそと》の中側という意味もあるが。なんとなくの印象で言えば分かりやすいから、二分というのが現代的な捉え方で、仏教的なことには、案外「三」が多い。「一心三観」とか、「三論」とか。また、「中庸」とか、「中道」とか、意味の深いバランス感覚の言葉もゆかしいものがある。

なんでも二で割ってしまうような単純な数式では零れてしまうことが世の中にはある。むろん、三つに割ってもそれは同じだが、しかし「中」を理念に持っているのは大事なことだと思うのだ。見えなくても存在するものがあるのと同じように、右でも左でもなく、遠くも近くもない、どっちつかずの存在こそ、私の摑みたい世界である。

紅葉を狩る

紅葉狩の季節になった。春の桜、秋の紅葉は日本の風物詩の代表的なもの。

そういえば、紅葉は「紅葉狩」と言うが、桜は「花見」と言う。「桜狩」とも言うが、語源としては狩をしながら桜を見ることを言ったらしい。ただ浮かれて見るのは「観桜」である。「鷹狩」「兎狩」など、本来「狩」は狩猟のことだと思うのだが、「茸狩」というように植物にも使うようになる。人間にとっては、取って来て食料にするのだから、目的は同じかもしれない。

では、「蛍狩」はどうか。食べはしないだろう。でも、獲ってくるのは同じか。獲ってきて、籠に入れて観賞する。しかし、いまではただ見るだけ、観賞だけになってしまった。多くは野生ではなく、なんらかの手をかけて育てているところがほとんどだから、捕獲は禁止か、慎まなければならない。

では、「紅葉狩」はどうか。これは初めから観賞だけが目的で、狩猟の意味はない。観桜と同じなのに、どうして「狩」なんて言うのだろう。

白川静の「字通」によれば、「狩」という字は、草を焼いて狩をするとか、犬を用いたとか書いてある。犬による狩猟は戦闘の教練も兼ねていたらしい。そこから、天子が諸国を巡るのを「巡狩」と言ったという。

したがって、狩をするという意味のなかに、天子が地方に赴く、征伐に出かけることもあるのだそうだ。紅葉を征伐しちゃいけないが、こうやって言葉は変っていくのかと思う。だんだん拡大解釈したり、似たような言葉からイメージを広げたり、ときに洒落で言っていた言葉がそのまま通貨になってしまうこともある。

狩るという能動的な喜びもあるし、見るだけという歓びもある。観桜、観楓、観月、観菊、雪見、などなど、バードウォッチングというのも、見て楽しむもの。

「紅葉狩り」という能の曲もあり、けして新しくできた言葉ではない。

3

年頭の「ことば」

新年あけましておめでとうございます。

手元にある本を広げて「新年」に関する言葉を探してみると、「新年、新春、初春、正月、小正月、旧正月、年始、年頭、元旦、元日、三が日、松の内」などなどと、ほんとうにたくさんの言葉が載っている。

すこしずつ意味が違うが、複雑で、これだけの言葉を使い分けるとなるとかなり大変だ。おそらく外国人が日本語を習うときには、かなり苦労をするだろう。しかし、言葉は文化だから、日本の習慣を知れば言葉が分かるし、言葉が分かると習慣も分かるということになるだろう。

正月に対して、「小正月」とはなんだろう。「女正月」と言うところもあるらしい。正月に忙しくて休めなかった女たちの骨休みでもある（骨休みという言葉も面白い。骨まで休ませるということなのだろうか）。いまは、女性だから特別忙しいということも少なくなったし、年始廻りも少なくなった。女だけ別にすれば差別だと言われかねない時代でもある。小正月の意味がなくなっているのである。

藪入りなどという言葉もなくなった。藪入りという制度がなくなったので、言葉だけがなくなったわけではないが。いまは、もちろん年に二回の休みというようなところはどこにもない。

最近、独特の地名がどんどん消えつつあるが、地名が消えることは地名の語源が曖昧になることだ。江戸などでは、職人が住んでいたところが鍛冶屋町だったり、呉服町だったりした。地名が分かれば土地の歴史の片鱗くらいは分かったものだ。しかし、何々一丁目、二丁目では、それが分からない。だんだん曖昧な日本になっていくなあ、と思うのは私だけなのだろうか。

最近は一年中お祭りのような日本だから、正月といっても特別愉しいこともないだろう。子供たちの期待度を測ったら、どのくらいあるのだろう。楽しみに待っているのは、お年玉くらいかもしれない。

ヨシか、アシか。

私の故郷の茨城県古河市では、毎年、春のお彼岸のころ、渡良瀬遊水池で「ヨシ焼き」が行われる。枯れたヨシを焼くことによって、新しい芽吹きを促す。害虫を駆除したり、生態系の保護にもなる。

「ヨシ」とは葦簀《よしず》を作る、あの芒《すすき》の太いような植物である。ときどき、アシとヨシはどう違うのと聞かれることがある。同じである。どちらも、漢字では「葦」と書く。本来、植物の名前で言えばアシである。しかし、アシは「悪し」に通じるというので、忌み嫌って、「ヨシ」と言うようになった。

日本人はけっこうこの忌み言葉を気にする。受験の朝に「滑った」とか、結婚式で「割れた」という言葉は使ってはいけない。言葉には魂、言霊《ことだま》があって、口にするだけで現実になってしまうという思いがあるらしい。

たしかに、ちょっと思っただけでもいくつかある。「スルメ」のことを「アタリメ」、「閉会」のことを「お開き」、「梨」のことを「有りの実」などと言う。「四」は「し」と言わずに、「よん」と言う。

『広辞苑』を見たら、斎宮での忌み言葉の例が載っていた。「仏」のことを「中子《なかご》」と言うのだそうだ。堂の中央に安置するからだという。「経」のことは「染紙《そめかみ》」、黄色の染料を用いたからという。「僧」のことは「髪長《かみなが》」。この理由は書いてなかった。でも、なにか皮肉な言い方だなあと思う。斎宮というのも、けっこういけずなものだ。斎宮と仏教の関係から言えば、そういうことになるのだろうか。

現代では、それほど忌み言葉を気にすることもなくなったように思う。結婚式を「仏滅」にしたら経費が安くなると歓ぶ若い人もいる。

「忌み」とまではいかなくても、自分なりにこの言葉は使わないというものがあるだろう。人によって違うだろうが、俗語であったり、流行語であったり、下品な言葉だったり、言葉だからなんでも使っていいというものでもない。

濁音について

短歌に関わっている人は濁音を嫌う傾向がある。「何々が」というときの助詞を「の」にしたり、「に」にしたりして避けているようだ。日本人の美意識として、濁ったものより澄んだもののほうを好む。ということで納得はできるものの、歌の内容や全体のトーンからは、「が」でも問題ないということが最近の歌には多くなってきているように思う。

ひと昔前には鼻濁音というのがあった。「あった」と過去形で言っているけれど、いまだってまだあると言ってもいいのだろうが、ほとんど使われていないのだから、ないということになるのだろうか。だいぶ昔の女優さんの発音や朗読では、「んぐゎ」と聞えるような「が」の鼻濁音というものがあったように思うのだ。

かつて、といっても何百年も前には母音が八つもあったのだそうで、「ゐ」とか「ゑ」も「い」や「え」とは違う発音があった。「を」も、現在では「お」と同じように発音しているが、ほんとうは「うぉ」という発音だったはずだ。

人間がだんだん不器用になって、「お」と「を」、「い」と「ゐ」、「え」と「ゑ」の微妙な違いができなくなってしまったのだろうか。それとも、大した違いはないのだからどっちでもいい、ということになったのだろうか。あるいは活字、つまり書き文字が中心になってきて、発音には重点を置かれなくなったということだろうか。

いずれにしても、だんだん簡略化されている傾向にあるらしい。そういえば、数の数え方も、なんでもかんでも「一個」と言うようになったのも、分けるのが面倒だからだろう。

なにかを表現しようとしたとき、〝あれでもない、これでも違う。言葉って、案外少ないものだ〟と思うことがある。微妙な感覚を言う言葉が少ないと感じる反面、そうやって大事な言葉をどんどん捨てているのも現状だ。朗読が流行っているが、この濁音、鼻濁音、あるいは旧かなをどう発音していこうとしているのだろうか。

旧藩名は生きている

日本各地を旅する機会がある。誰か歌人の足跡を訪ねたり、樹木を見に行ったり、単に温泉に入りに行ったりと目的はさまざまだが、しかし知らない土地に行くのは愉しい。

その楽しさの一つは面白い地名に出会うことである。また、駅名はなかなか味わい深いものがあるし、なにかと連想をさそうものがある。面白いといっても、「日本へそ公園」なんていう駅は、ずっとあとになってから付けた名前だと思うので、興味が湧かない。

ゆかしいのは歴史を感じる地名である。言ってみれば、「歌枕」ということになるだろうか。列車で行って、ゆかしい駅名を聞くのは愉しいものだ。たとえば「伊予長浜」とか、「美作加茂、備中高梁、下総松崎、常陸大宮」などなど、挙げればきりがない。多くはこうした古い国名が残っているのが面白い。こんなにも地番変更が全国的に行われて、「鍛治屋町」とか「呉服町、寺町」といった名前が消えて、何とか一丁目などと味気のない名前に変っている時期に、駅名には、いまだに「伊予」とか、「常陸」とか、旧藩の名前が使われるのはどうしてだろう。

地名と駅名とでは管轄が違うので、それぞれトップの考えの違いだろうか。

それにしても、藩を廃止して懸命に新しい日本にしようとしていたはずなのに、こんなにも旧藩名が残ってしまったことは民意だったのかもしれないと思うと愉快だ。国鉄からJRになっても変らないのが嬉しい。そして、おおかた「伊予」とか、「常陸」とかを上につける地名は中央の同名と区別をするもので、あえて別の名前にしなかったのだ。

こんなに国際的な時代になっても、「道産子」だの、「土佐っぽ」だの、「薩摩隼人」だのという言葉が残っているのは、その土地と人との結びつき、産土《うぶすな》と密着した人間の体温を感じる。

人名や地名はただの記号ではなく、ずっと繋がっている歴史や時間の蓄積を持った言葉なのだと思う。もちろん、古語と言われる言葉も、単に古いというだけではなく、由来・来歴を持ったものなのだ。いまのネーミングがいかにも薄っぺらなのは、歴史や意味、内容を持たないからだろう。

「底」とはどこ？

そろそろ景気が回復してきたという。私にはどっちにしてもあまり関係ないけれど、やはり回復するのはいいことだ。ずっと昔、鍋底景気というものがあった、らしい。鍋の底のように平ら、横這い状態のことを言う。景気が底を打った、などと言う。

「底」という言葉。海の底とか、地の底とか、あるいは心の底などと言う。それはなんとなく分かる。底とはいちばん深いところを言う。しかし、辞書を見ていたら、「底つ下」という言葉があった。人間の表現欲ってキリがないなあ、と思うのはこういうときだ。「底」だけで充分奥深いのに、さらに「下」を付けて強調しているのだ。そのうち、「底つ下の奥」なんていう表現が出てくるかもしれない。

最近、「底地」という言葉を知った。いわゆる「底」とは直接関係がない。「底土持」とか、「上土持」とかいう言葉もある。土地の所有や貸借に関わる言葉である。

つまり、「底」という意味とは、あまり関係ないように思われることだ。もっとも、土地にも上のほうと地中奥のほうとは所有が違うらしいので、多少は関係があるのかもしれないが。

また、「底反り」という言葉もある。『広辞苑』によると、「漢文を訓読する場合に、一字を二度読むこと」という。どう考えても、「底」とは関係なさそうに思える。

「底鱈」という魚もいるらしい。水深二百メートルくらいのところに棲んでいる。つまり、水底に棲んでいるので、そう呼ぶのだろう。

「底冷え」は、足元のほうが冷えることではなく、体の芯のほうまで冷えることを言う。

もう一つ言うと、私の無知をさらけ出すことになるのだが、「底る」という動詞があることを知った。潮が引いて干潟となることなのだそうだ。この動詞を使ったことはなかったので、一つ儲けたような気がする。

さて、「空の底」という言葉に短歌のなかで出会った。底と奥とは似ているが、底はやはり下のほうをイメージする。「空の奥」は分かるような気がするが、「空の底」は、やはりすこし無理ではないだろうか。

造語力

新宿駅の構内にベルクという小さな、しかも安価なお店がある。ソーセージやパンなどからドイッ風のお店なのだが、ここの珈琲とカレーがめちゃめちゃ美味しい。インドカレーではないが、ちょっとヤバイ。

ひと昔前は、「めちゃめちゃ」という言葉は、あまりいいほうには使わなかった。しかし、いまはいいほうにも悪いほうにも使う。

というより、むしろいいほうに使っているのを聞くことが多くなったような気がする。『広辞苑』にも、「めちゃくちゃ面白い」などという例が出ているのでまちがいとは言えないのかもしれないが、古い人間の私にはちょっと違和感がある。

また、「ヤバイ」という言葉は品がないだけに、やはり悪いほうに使う。困ったことになった、という意味だと思う。しかし、このごろでは、美味しいとか、良かった、面白かった、というのを「ヤバイ」と言うらしい。「ヤバイくらいに美味しい」という略なのだそうだ、ほんとうかどうか知らないけど。

また、たとえば、「貴方のおかげで……」と言えば、次に来るのは感謝の言葉だろう。「あなたのせいで……」と言えば、次にくるのは恨みの言葉。……だろうと思うけれど、いまはそのあたりに違いはないらしい。あまり使い分けてもいない。

ひところ、「超面白い」などと「超」という言葉が流行ったが、最近ではあまり聞かれなくなった。それに代わったのが「めちゃめちゃ」ではないだろうか。

どっちだっていいようなものの、「超」にしても、「めちゃめちゃ」にしても、〝みんなで使えば怖くない〟式に使っているので、すこしも個性がない。〝語彙が少なくなったなあ〟と思うのは、こういうときである。

ある基準よりさらに……というときに、言葉がないから、「超」「めちゃめちゃ」を付けてしまうのだが、かえって画一化してしまう。

自分の感じをそのまま伝えるための造語が手抜きになっているのかもしれない。できることなら、死ぬまでに一つくらいはマシな造語を残したいと思う。

それにしても、ベルクのカレーはめちゃめちゃうまくて、ヤバイ。

種蒔きは嫌い？

昭和五十六年に「常用漢字」というのが制定された。それまでの「当用漢字」ではすこし少ないというので、増やしたということだ。たとえば「稼」という字もなかったらしい。稼ぐ人は軽んじられていたのか。「酌」もなかった。晩酌もできない。「泥」もなかったというのだから、〈おドロき〉だ。

そんなわけで、増えたのはいいことだが、依然として「熾」など入っていない。たしかに難しい字だから、入っていないのはしかたがないかもしれない。「当用漢字」が「一般社会生活において使用する漢字の範囲」であり、「常用漢字」はその「目安」だと言うのだから、入っていなくても遠慮なく使わせてもらおう。

たとえば「熾烈」などと言うとき、「熾」が使えないからといって、新聞などで「し烈」と書いてあることがある。これなど、なんのことか通じない。言葉の体《てい》をなしていない。それなら「激しい」とかに言い換えたほうがまだいい。しかし、そうなると、「熾烈」という言葉そのものがないのに等しいということになる。

「常用漢字」は「目安」だと言うのだから、遠慮することはない。「一般社会生活」で使っても、なんの支障もないはずだ。一つの文字だけなら避けることもできるが、熟語となると、どうしても使わなければならない。使うべきだろう。

「常用漢字表前文」には、これはあくまで一般社会生活上のことだと何回も書いてあるが、「できるだけ、この表に従った漢字使用が期待される」と結んでいる。「あくまで自由ですよ」と口では言いながら、顔で睨んでいるような、いかにもお上のやりそうな文体になっているからおかしい。

また、「一般社会生活」って、いったいなんなのだろう。私たち、短歌を作っている人たちは「一般」ではないのだろうか。春先になると使いたい言葉、「蒔く」「播く」「撒く」などが入ってない。よっぽど種蒔きの嫌いな人が作ったのだろう。それより、「璽」などのほうが「一般社会生活」では使わないように思うのだが。

女は箒を持って

いつのころからか、「婦人」という言葉を使わなくなった。なぜかということは明確には分からないが、「婦」という字の語源に問題があるのだそうだ。女が箒を持っている姿を表す。つまり、女は箒を持って掃除に従事するもの、服従を表すので、差別なのだと言う。けれども、白川静氏の『字通』によると、ここでの帚は掃除の道具ではなく、鬯酒《ちょうしゅ》（香り酒）をそそいで宋廟の内を清めるための「玉ははき」だという。一家の主婦としてその任に当たるのだとすれば、蔑視ではないことになる。

夫婦という言葉があるから、いちおう「夫」を引いてみると、「大」は人の正面の姿を表し、人が髪飾りをつけて正装した姿が「夫」という形になる。ちなみに、「妻」は女が髪飾りをつけて正装した姿だそうだ。すると、「夫妻」はどちらも正装しているので格調高いが、「夫婦」は差別があるということになる。

ことのついでに、「女」という字を調べてみる。女が手をついて、ひざまずいている姿だというのだが、こちらは差別にならないのだろうか。「跪く」というのが、そもそも服従だろう。それでは、「男」はといえば、「田」と「力」の組み合わせ。「力」は耒《すき》の象形で、つまり田と農具の組み合わせということになるらしい。重労働をするのが男、ということか。でも、こちらはあまり差別とは言われない。

語源を調べてみると、たしかにいろいろあって、気になることがないわけではないが、あまりにもこだわりすぎるのもどんなものだろう。一時、「夫婦」「夫妻」などの言葉は、夫が先にあるのでおかしい、という意見なども聞いたことがある。では、「妻夫」ならいいというのか。どちらかが先になるのがおかしいとなれば、組み合わせの言葉が使えないことになる。「婦人」をなるべく使わないということなのか、官庁関係では女性と言うようになった。デパートなどでは「レディース」などと言う。それに合わせて、紳士服も「メンズ」。

一つの言葉に抵抗感があって別の言葉に言い換えるのもいいだろうが、その代替が外国語になってしまうのは、なんだか安易な気がする。

反対語の妙

私の母の名前は富貴といった。「富貴《ふうき》」をためしに『広辞苑』で引いてみると、「富んで貴いこと。財貨が多く位の高いこと」と出ている。実際はまったく違って、ちっとも富んでいなかったし、貴くもなかった。市井の貧しい一人の存在でしかなかったが、しかしせめて名前だけでも豊かなのはいいものだ。

この「富貴」の反対語は「貧賤」だろうか。手元にある雑誌に載っていた反対語には、「異状・平常」「永遠・一瞬」などとある。しかし、そうかなと思うものもある。「尊重」に対して「無視」とあるのだが、「軽視」でもいいんじゃないかなと思ったりもする。

「求人・求職」「未定・決定」などは、それぞれ上台の言葉「求」「定」があって、その両端を言えばいいのだから分かりやすい。しかし、日本語は、こんなにしっかり反対語がある言葉ばかりではない。

そういうときは簡単だ。「不」を付ければいい。「人気・不人気」とか、「一致・不一致」とか、なんにでも使える七並べのジョーカーみたいなものだ。小学校で反対語を書きなさいというテストが出て、すべてに「不」をつけて「×」をもらったという笑い話のようなことを聞いたことがある。たしかに、ことはそう簡単じゃない。

たとえば「不作法」は「無作法」とも書く。作法に適わないという意味でもあるし、作法を知らない、つまり、「ない」とも言える。「無様」は「不様」とも書く。「様ではない」、「様がない」、これもどっちでも通る。また、「非ず」という意味では、「非作法」でもいいかもしれないが、そういう言葉はない。「非礼」は「無礼」とも言う。「失礼」とも言う。

「非」「不」「無」は、ちょっとしたニュアンスの違いがあり、よく読めば、なるほどこういうときなら「不」だな、「無」だなと分かることがあるが、こういう場合に限って言うと、近いところにある。

辞書を引いていたら「不可不」という言葉があった。哲学の言葉らしいが、なんと難しい、不可解な言葉なのだろう。

上げ底言葉

先日、次のようなニュースを聞いた。青年が車のなかで爆睡してしまった。車を動かしてもらおうとガラス窓を叩いたが起きない。何人もの人が声を掛けたが起きないので、死んでいるのではないかと警察へ連絡、警官が来るという騒ぎになって、ようやく目が覚めたが、単に寝入っていただけだったという。

ちょっとした物音でも目が覚めてしまうという、びくつきながら生きている私から見れば羨ましいような話だが、なるほどこういうときは「爆睡」と言うらしい。「爆笑」という言葉はあるが、「爆睡」という言葉はどうなのか、いまのところ、『広辞苑』にはない。笑いが弾けるような「爆笑」はなんとなく分かるが、眠るという行為に「爆」はどんなものだろう。

最近、なんでも最上級に「爆」を付ける。あるいは「超なになに」、あるいは「めちゃめちゃ」などとも言う。大したことがないようでも、「超」であり、「めちゃめちゃ」であり、こうなると最上級を表す言葉のバーゲンセールである。

三十年前くらい、国鉄時代の列車には、普通・準急・急行・特急があって、超特急として新幹線ができた。すると、準急がなくなり、急行もほとんどなくなって、現在では普通（各駅停車）

の上はすぐ特急である。つまり、特別でもなんでもなく、単に急行が特急という名前に変っただけなのである。むろん、急行料金は特急料金となって、実質的な値上げになったが。

形容する言葉は、だんだん上昇するものだ。一つの形容が生まれると、さらにその上を求める。それは人間の本能なのかもしれないが、「可愛い」より「超可愛い」のほうが可愛さが上だと感じる。

こうやってできた言葉が豊かになったのかというと、そうなのだろうか。むしろ、言葉は痩せているようにも思う。「超」を付けても、「爆」を付けても、私たちの感覚は麻痺してしまって、それほど特別のようには思わなくなってしまう。「超超可愛い」とか、「超超超可愛い」と言わなければ表せないような気持になってしまう。私のような古い人間には、「爆睡」より「ぐっすり寝込む」ほうが、深く寝ているような感じがする。

色の名前

私の子供のころは（こういう語り口調になってくるのは、年をとった証拠である）、映画でもカラーというものはなくて、色付けしたものを「総天然色」なんて言って、特別新しさをアピールしていたものだった。

しかし、最近ではとにかく簡単に色が付けられる。ときどき原稿が「メール」などで送られてくるのだが、見出しのところや最重要と思われるところの文字が赤で書いてあったり、種類別に色分けしてあったりする。

けれども、雑誌印刷となると、まだそこまで凝るわけにもいかないので、人の目に付くときにはモノクロになっている。原稿のほうがよほどカラフルで綺麗なのである。

パソコンでも、けっこう何種類もの色が出るし、混ぜて自分で作ることもできる。

この色の名前、最近は外国語で言うことが多いのは他の言葉と同じだが、日本の色にはほんとうに繊細な名前が付けられている。日本人の感性を感じるのは、多くはこうしたネーミングのときである、

「甕覗《かめのぞ》き」、これも色の名前である。藍甕は半分、土のなかに埋めるようにしてしつらえてある。したがって、そのなかに糸を浸けるときは上から覗くようにする。また、藍染は糸を藍甕に浸けては持ち上げ、空気に当て、また甕に浸けるという作業を何度も繰り返す。繰り返すたびに、すこしずつ色が濃くなっていくのである。その工程で何度も藍に浸さない、つまりちょっと甕を覗いた程度の浅い色を甕覗きと言う。

「白殺し」、ぶっそうだが、これも色の名前。白という色はとても純粋だが、しかし着るものに用いるにはすこしきつい。柔らか味がないのだ。そこで、すこし白を殺す、と言うのである。いま風に言えば、オフホワイトとでも言えばいいだろうか。

これらの言葉は死語になってしまったと思うのだが、私には捨てがたい思いがする。色に限ら

ず名前には文化があるのだから。パソコン上で新しい色を作りだしたとして、はたして私たちはどんな名前を付けるのだろう。

総括化・細分化

最近では、甘いお菓子のことをスイーツと言うらしい。私はチョコレート以外の甘いお菓子はほとんど食べないから、どっちだっていいようなものの、お菓子と言うより、スイーツと言ったほうがかっこよく聞えるから不思議だ。

甘いものの代わりに私が最近はまっているのがお酢。これも、とにかくたくさん種類があるらしい。定番は黒酢・もろみ酢などだが、フルーツのお酢もある。そして、大宮の駅中《えきなか》にはこのお酢の専門店さえある。

なんでもある、なんでも揃うという大型店が流行っているかと思うと、専門店もできている。お菓子屋果物屋といった別は昔からあったが、酢だけで成り立つ店ができるとは思わなかった。スープだけの店、お粥だけの店などもある。

総括化と細分化、その両極端になってきたのかもしれない。

そういえば、最近、「シューフィッター」という専門職がある。靴を買いに行くと、客の足の形などを調べて、ぴったりの靴を選んでくれるのだという。私は外反拇趾《がいはんぼし》だから、ぜひ見てもらいたいと思っているのだが、いつでもいてくれるというものでもないらしい。

振り返ってみれば、以前は靴売り場で店員さんがその任に当たってくれたものだ。特別な技術なんかではなく、長くその職にある人に自然に備わった能力だった。それを強引に分けてしまった。あくまで販売員とは区別した別の技術者なのである。

これも細分化ということか。シューフィッターと言うと、一ランク上のような印象になる。呼び方を変えて、あえて格差を作っているようにも思う。

そういえば、私が通っていた美容院では、美容師のことをディレクターと言うようになった。バスの運転手のことを別の呼び方で言うようになった、とニュースで見たことがある。運転ばかりではなく、案内もするからだということだった。

なんとなく言い換えることによって、印象を緩和したり、ごまかしたりするのも最近の流行だ。痴呆を認知症とごまかし、お菓子をスイーツに格上げし、シューフィッターと名付けて新しい職業を生む。言葉で柔らかく包んでしまう時代なのだろうか。

4

「お」

新聞に、敬語を五分類にするという記事が載っていた。いまのところ、あくまで「案」ということではあるらしいが。いままで、尊敬語、謙譲語、丁寧語の三分類だったものを、謙譲語を二つに分け（その一つを丁重語と括弧して書いてあったが、丁寧語と紛らわしい。たぶん、まだ正式な名前が付いていないのだろう）、さらに、丁寧語を、丁寧語と美化語に分けることで、五つに分けるという案であるらしい。

そのなかで、「お」などを美化語とするという。つまり、「お酒」とか、「お料理」という類である。たしかに丁寧というより、美化というのにふさわしいかもしれない。ただし、「お」についてだけ言えば、美化でも、丁寧でもない言い方があると言ってもいいのではないかと、ひそかに思っている。

たとえば「お入学」のごときものである。むろん、普通に「お子さんのお入学のお祝いに……」などと言えば別に問題はないので、ここで言うのはちょっとずれがある場合である。つまり、「入学」を丁寧に言っているのではなく、皮肉って言っているときである。特に小学校や幼稚園の入学試験の過熱状態、こっけいなほどの力の入れようを軽くあざ笑うというか、軽く皮肉るといった雰囲気のときに使う「お」なのだ。

他にも、「お宝」や「お楽しみ」などと使う。「お楽しみ」は、単に「これはあとのお楽しみ」などと言う場合もあるが、にやにやして「お楽しみね」などと言うと、ちょっと意味深になることもある。

「お宝」の場合は、本来の価値というより、もうすこし掘り出し物といったニュアンスがあるかもしれないし、あるいは特定の人だけに価値のあるものだったりする。

これらは必要以上に丁寧に言うことで軽い笑いを含ませてしまう。言語の面白さというのか、使う人間の絶妙な知恵というか、言語能力の高さを思う。

さて、これから、ちょっとお楽しみ……。

日本語のセンス

平成十八年十二月十五日の新聞によると、住友生命が創作四文字熟語というものを発表している。そういえば、毎年こんな記事が載っていたかもしれない。なぜ、生命保険会社がそんなことをするのかちょっと分からないけれど、そんな堅いことは言わず。

その優秀作品の一つは「虚業無常」。もちろん「諸行無常」のもじりで、ホリエモンや村上ファンドを指している。「全国青覇」は「全国制覇」で、野球のハンカチ王子の青いハンカチから来ている。「除冥処分」というのもあった。「除名処分」で、冥王星が惑星でなくなったことを指す。どれも、なかなか面白い。

たくさんの応募があったらしいが、言葉のセンスのよさに驚くばかりだ。日本語の持っている特徴で、同音異句がこうした機知に富んだ言葉を生むわけだが、日本人の言語感覚はかなりすぐれたものだとあらためて思う。

サラリーマン川柳などというのもある。川柳だから滑稽味、ユーモアが中心だが、これもなかなかすぐれている作品が多い。これらが言葉の専門家ではなく、おそらく一般の人たちの発想だということで、レベルの高さを思う。

考えてみれば、明治のころは、外国語を取り入れるのに翻訳というものをした。あのころ、かなり新しい言葉が生まれたのだ。創作四文字熟語やサラリーマン川柳とは違って、ユーモアとか、機知の問題ではないかもしれないが、西洋思想を持ち込むための新しい言葉の創作が要求された。

いまはあまり翻訳しない。外国語をそのまま使う。そのまま使うほうがかっこいいような気がして、難しい言葉を使うのだが、それこそ虚業（虚言）のような気がする。日本語へ、どう導入するかという苦心のない言葉は裏打ちのない掛け軸のようなものだ。

なんとなく日本語が軽くなっているように感じるのは、外国語に依存しているせいではないだろうか。これだけのセンスを持っている日本人の言語感覚をもっと信じて、実のある言葉を作り出していくべきかもしれない。時代にふさわしい、日本語としての意味のある言語を。

うす味言葉

ＮＨＫの「美の壺」という番組が分かりやすくて面白いので、ときどき見ている。先日、藍染を取り上げていた。絞りにいちばん藍染の特色が出るのだそうだが、くっきりした模様ではなく、ぼんやりとした輪郭が立体感を出すという。なるほど薄いところと濃いところの曖昧な部分にこそ味わいがある。

日本語も同じような気がする。日本語にはなかなか難しくて複雑な言い回しが多い。しかし、その複雑なところにこそ、意味合いの陰影ができるから面白いとも言えるのだ。

たとえば「一席ぶつ」なんていう言葉は外国語ではどう言うのだろう。「一席」を『広辞苑』で引くと、「(演説・演芸・宴会などの) 一回。一場」と出ている。ま、それは分かるとして、「ぶつ」とは何なのか。「打つ」ということらしいが、やはりニュアンスとしては「打つ」とは違う。もっとはったりが入るような。しかし、慣用句として「一席」とくれば、「ぶつ」となるのである。むろん、違った意味で一席を設けるということもあるが。

この「ぶつ」に当たる動詞には使い方に独特な面白さがあって、先人の言語感覚に敬意を表する思いになる。

「煽りをくらう」――「くらう」は綺麗な言葉ではないが、被害を受ける感じが濃厚にある。「失笑を買う」というときの「買う」は「恨みを買う」などと同じだろう。「嫌気が差す」の「差す」はどこから来たのか。「悪態をつく」、これは「嘘をつく」の「つく」。「揚げ足をとる」には「相手が蹴ろうとしてあげた足を取って逆に相手を倒す意」とある。「一杯くう」の「食う・食わす」はどこから来ているのだろう。

国語の先生に聞いたら、すぐにでも分かるようなことだろうが、独特の言い回し、決まり文句を日本人は伝えてきた。

最近はこうした言い回しが微妙に崩れてきているように思う。「悪態を言う」「煽りを受ける」とかである。「煽りを受ける」などは上品に言ったもので、まちがいではないだろうが、言葉の味は薄い。食べ物でも、無臭大蒜《にんにく》とか、無臭納豆などができて、「くせ」の薄いものが好まれるようだ。

それと同じく、言葉の味が薄くなってきているのかもしれない。

カフェラテ、それともカプチーノ。

友達数人と喫茶店に入る。「ホット！」「紅茶！」「なにがいいかな……」。なかには、「ホットでいいわ」などと言う。「でいいわ」というのも、ちょっと気になる。飲み屋さんに入って、「とりあえず、ビール」と言うのに似ている。特に希望はないけど、なにか飲む、というニュアンスか。ま、それはおいといて。

最近、メニューを選ぶのに、けっこう時間がかかってしまう。こだわりの店が増えたからだ。たとえば珈琲でも、昔はホットとアイスくらいしかなかった。そのうち、アメリカンやストレートが加わった。ストレートが一般的になると、「ホット」は「ブレンド」に置き換えられた。

そしてさらに、いま、私の頭を混乱させているのが、「カフェオレ」「カフェラテ」「カプチーノ」である。いったいどう違うのか。断じて「ミルクコーヒー」ではない。ベースの珈琲がエスプレッソだったり、ミルクが泡立ててあったりと、微妙な違いはあるのだが、とにかく大して違いはない。

かつて、外国語と言えば英語に決まっていた。しかし、最近はフランス語、イタリア語、いろいろありで、ときには和製英語も混じってきて、同じようなことでも、ちょっと違った雰囲気が出る。専門店的な雰囲気を出すために、あるいは新しいメニューが加わったという雰囲気を出すために使っているのではないかと思ってしまう。

そういえば、最近の（最近でなく、かなり前から）デパートなどで、「カットソー」などと言う。セーターとかブラウスとか、そういう言い方をしない。『広辞苑』によると、ニット生地を裁断して縫ったものだそうだ。大きく分けると、織物を裁断して作ったのがブラウス、形の通りに編んでいくのがセーター、その中間で、編んだ（織るのではなく）布を裁断して作るのがカットソーというわけだが、着る者にとっては、どっちだっていいような気がする。

微妙な言い回し、専門的な言い方によって、なんとなく格上げしたような、かっこいいような、流行の先端のような、錯覚を起こしてしまう。それが店の戦略だ。

錯覚の上の錯覚で成り立っている世の中だなあ、いまは。

言葉の裏表

「考えておきます」という言葉は、地方によっては「だめです」という意味なのだそうだ。国会の答弁でも、こういうことはある。「善処します」という言葉は「なにもしません」と同義語であるらしい。夫婦間でも、「これをして」と言う妻に、「分かった」と返事する夫。分かって、そのようにしてくれるかというとなにもしてくれない。つまり、言っている言葉は分かった、というだけなのだ。単純な脳細胞では、なかなか判断できない。しかし、これなどは習慣の問題であって、言葉の意味ということにはならないかもしれない。

それとは別に、一つの言葉が、じつはいろいろな、あるいはまったく別の意味があって、誤解を招くということがある。

たとえば「けっこうです」――。「〇〇はいりませんか」「けっこうです」と言えば、お断りの言葉だが、「けっこうなお日和で」と言えば、文字どおり「結構」なのだろう。もう一つ、「けっこう大変だね」なんて言うときの「けっこう」は副詞になる。

むろん、こういう曖昧な言葉は前後の意味合いから推測するとか、あるいは会話なら声音やイントネーション、顔色から推測することになる。話し言葉は多少曖昧でも、あまり困らない。なぜなら、伝達にとって言葉は大して重要ではないことが多いのだ。相手の表情、声の質、声の大きさ強さ、そういった言葉以外の要素が伝達には重要な意味を持つからだ。コミュニケーションにとって、言葉は案外、脆弱なものなのだ。

「いいかげん」という例もある。「いいかげんな人」と言えば、無責任な人という意味。「よい加減」なら、ほどよい加減。「いいかげん待たされた」は程よく待たされた、という意味ではないだろうな。語源を知らないのだけれど、よい加減というのは、ほどほどで、よく言えば、バランスがいいのだが、反面どっちつかずのいい加減な、曖昧なことなのかも。ことにはつねに裏表がある。一つの言葉で、その裏表の意味を含んでいるのだろうか。

意味のない言葉

いま人気の、KAT-TUNやSMAPというグループの名前は、特に意味はないらしい。KAT-TUNの場合は、メンバーの頭文字をとったらしいのだが、私はそのメンバーとやらを知らないので、見当もつかない。最近は意味のない言葉が流行っている。受け取る側も、大して意味を重んじないので、ちっともかまわないらしい。

反対に、けっこうもじったネーミングのものもある。もっとも、凝った名前だからといっても、「意味」があるかどうかは別だが。

私の行くマーケットには何種類かの卵があって、買うとき、いつも迷う。「ヨード卵光」「朝の卵」「森のたまご」とか、「宝夢卵」などというのもある。ちなみに、インターネットで調べたら、なんと「あ」から始まる名前、「か」から始まる……と分類されて、しかもそれぞれが五十種類くらいはあるので、びっくりした。おおかたは、安全とか、栄養とか、昔からのとか、イメージで売り込んでいるのだが、なかには「王子さま」「命あるたまご希」「家族団卵」「卵黄《きみ》の恋」などという凝った名前がある。

産地や生産過程の、たとえばどんな餌を与えているかとかが分かるネーミングは、案外少ない。つまりはイメージでしかないのだ。「宝夢卵」などは好字法の例で、とにかく良い字を使おうという発想だ。「王子さま」「卵黄の恋」など、駄洒落みたいな感じだ。

しかし、日本語には、というか、どこの国でもそうかもしれないが、言葉には言霊というものがあって、意味を重んじるより、とにかく良い印象を与えるほうを選ぶ傾向があるのかもしれない。それはそれで悪いことではないが、私の卵を選ぶ基準にはならない。「宝夢卵」を買ったら、ちょっと古い感じで、黄身がくたっとしていた。赤い卵と白い卵とでは、なんとなく赤いほうがいいようなイメージがあるが、中身は変らないらしい。

私たちは、たぶん、品物の中身より、イメージとか、名前で選ばされているのではないか。歌集名だって、集団名だって、あるいは人の名前だって、第一印象というものがあり、思いのほか重要なのである。

肉声・肉筆

ときどき新宿へ行くことがある。新宿駅は朝でも昼でも夜でも、たぶん夜中でも、人がいっぱいで縦横にあふれている。

ホームにいると、上り線下り線、乗り換え、さまざまなアナウンスがある。何線は何両です、グリーン車は何番でお待ちください。電車が来ます。危ないですから白線の内側にお下がりください。ときには、何線はただいま遅れが出ています、などというものを含めて、何度も何度も、さまざまなアナウンスが繰り返し流れる。しかし、じつはあまり聞いていない。初めて行った駅でもなければ、あまり注意を払っている人はいないだろう。

そんなある日、いきなり車掌さんの肉声で、「危ないですよ……」と聞えた。周りにいた人はいっせいにそのほうを見た。肉声はアナウンスと違って、遠くまでは聞えないが、なんとも言えない迫力があった。緊迫感があった。ほんとうになにか危ないことが起こったか、起こりそうなのだなと思われた。

アナウンスの声は誰に向けられているのかがはっきりしない。一般論としての危険だった。駅では、あまりに多くのメッセージがあるために、こうした一般論的なメッセージはあまり力を持たないように思う。それに対して、肉声は誰か特定の人に向けての注意だということがはっきりと分かったのだ。

肉声がこんなにも切羽詰まって聞えることに、なにかしら感動のようなものを覚えた。「謦咳《けいがい》に接する」という言葉がある。身近にあるという意味だが、このとき、「謦咳」という言葉が分かったような気がした。直に肉声を聞くことがどれだけ力があるかということ。あるいは肉声の届く距離だから近いということもあるかもしれない。いずれにしても、身近に接することの重さを感じた。

声だけではない。肉筆というのもある。肉筆の手紙がいかに力を持つかということ。肉筆には、その人の人格がそのまま感じられる。パソコンが普及して活字が多くなり、メールで事が足りる時代、肉声・肉筆の意味を考えてもいいかもしれない。

類語

今年は空梅雨なのかどうか。今日は雨だという予報が出たので、庭草に水をやらずに出かけてしまった。そうしたら、まったく降らず、どころか、かんかん照りで、帰ってきたら、鳳仙花がぐったりしていた。まだ六月だというのに、すでに渇水状態で、盛夏が思いやられる。

とは言うものの、雨が降り出した。〝小雨だなっ〟と思っていたら、いつのまにか本降り、と思ったら、たちまち日が出て、〝なんだ、通り雨だったのか〟とがっくり。

そういえば、日本語は微妙で、雨に関わる言葉がいくつもある。「どしゃ降り、夕立、豪雨、驟雨、慈雨」。「時雨」や「五月雨」になると、季節に関わる。さっと小雨が降ってきても、春には「時雨」とは言わない。あえて言うなら、「春時雨」になるだろう。その年初めて降った雪は「初雪」だが、「時雨」でも初めてのときは「初時雨」と言うらしい。なんと季節感を大事にする民族なんだ、日本人は。

いつだったか、テレビの日本語王決定戦みたいな番組があって、どういう設問だったか、正解が「あけぼの」で、「あかつき」と答えた人が不正解だった。逆だったかもしれない。ためしに『広辞苑』で引いてみると、「あけぼの」は「夜明けの空が明るんできた時。夜がほのぼのと明け始める頃。あさぼらけ」。「あかつき」のほうは「現在では、やや明るくなってからを指すが、古くは、暗いうち、夜が明けようとする時。よあけ。あけがた」とある。あしつこく、「しののめ」を引くと、「東の空がわずかに明るくなる頃。あけがた。あかつき。あけぼの」と出ている。ひと回りしてしまった感じだ。

こんなに細かく分類する必要があるのかと思うほどだが、しかし感性とはそうしたものだろう。すこしの違いにそれぞれ異なった名前を与えて、その違いを楽しむ。色の微妙な違いに名前を付ける。あるいは菖蒲や薔薇、すこしの違いを生み出して楽しむ、それも詩的な遊びの一つなのかもしれない。

違いの分かる……というコマーシャルがあったけれど、微妙に使い分けしながら、すこしでも自分の感性に近い言葉を探す、それが詩を作る楽しみというものだ。

縦書き文化

私の住んでいるさいたま市の、さらに小さい緑区に区報というものがある。そのなかで短歌を紹介しながら緑区の自然を語るというスペースをもらって、連載することになった。短歌に馴染みのない人たちにも知ってもらう、よい機会になると思った。

短冊のように囲ったところに短歌を載せるというレイアウトにしてもらった。四季折々の歌、しかも馴染みやすい歌を選んで載せている。

ほぼ半年になる。そこに連絡が入って、区報を全部横書きにすることになったので、この欄も横書きにしてくれと言う。短歌を横書きになんかできない。でも、上のほうの方針で……というやり取りがあって、やっとのこと、しかたがないから、この欄だけ、あと半年はこのままで、というところで話し合いがついた。

いちおうほっとはしたものの、考えてみれば、今後、区報・市報という公の情報誌に短歌は載せられないということになる。むろん、これはさいたま市だけの問題かもしれないが、おいおいどこの市や県でも、そうなることは目に見えている。お上《かみ》、というところは、「前例に倣う」のが得意のくせに、伝統も習慣も、日本の文化も、へったくれもない。

日本語は漢字、ひらがな、カタカナがあって、しかもうまくすれば外国語のスペルそのまま日本語の文章のなかに入れることができる。また、縦書きでも、横書きでもできる、便利な言葉だ。その便利さが仇になったということだろうか。たしかにメモをとるときなどは、横書きのほうが書きやすい。

縦書き横書き、どちらでもできるなら、両方入っていてもよさそうなのだが（新聞などでは、うまくレイアウトして両方入っている）、なんでも統一したがる役所。算用数字やメールアドレスなど、時代の要求のようでいて、統一という権威が目に見えない力で文化を塗りつぶしてしまう。こういう形で、じりじりと縦書き文化の最たる短歌が弾かれていくのだなあ、と実感した。

朗読をする理由

横浜での「熾」の「全国研究集会」のとき、ちょっとした余興で朗読を入れてみた。そして、翌年、つまり去年は本格的に朗読の時間を取った。初めてのことで戸惑った人もあった。その反面、私もやってみたいという人も出て、なかなか進展を感じる企画だった。

そして、今年である。今年も同じような企画をしたのだが、朗読する人が違う。前と同じ人なら反省も含めて、チャレンジということで、さらに一歩深められるかもしれない。しかし、メンバーは違う。去年のを見て、私なら……と思った人は工夫があるかもしれない。漠然と見ていた人は、〝さて〟というところである。

なぜ、朗読をするか。私たちは現在、あまりにも活字に頼りすぎているのではないかという反省を込めてということである。黙読が主になってしまった現在、どこか忘れてしまったものがあるのではないかと思うようになったのである。

歌は、詠うから来ているのだから、声に出して詠うのが本来。むろん、時代によって変ってくるのは当然だから、いまの活字で悪いことはない。けれど、言葉イコール文字、というのではどこか偏っているように思う。音声に出したとき、どう伝わるのか。耳で聞いたとき、どう感じるのか。音声としての言葉をもうすこし注意してみてもいいのではないか。

言葉の乱れを指摘されることがある。若者の難解な言葉、グループの中でしか通じない言葉。あるいは曲解した言葉。いっとき話題になった、「ら抜き言葉」などなど。それはそれで問題なしとは言わないけれど、言葉は時代によって変るのは当然だし、若者言葉などは一過性のこともあるので、大丈夫だろうと楽観的である。

それより、私が気になるのは語尾の上がった形。疑問形のような言い方のほうが気になる。

もう一つ、発音が気になってしかたがない。

「い」がはっきりしない。たとえば病院は限りなく「びょうぇん」に近いように思える。母音が八つもあった時代、いまの五つの時代。もしかしたら四つになるかもしれないという恐れ。文字を教えようとはするけれど、音声をわざわざ教えることはない。せめて朗読という方法で、音声としての言葉を確認したいと思う。

筆か、サインペンか。

ある色紙展を見て考えたこと。私たちの世代までは色紙を出されると、毛筆で書かなければならないという先入観がある。こちこちになった筆を取り出してくることになる。ところが、若い世代はマジックとか、サインペン、筆ペンといったものでも抵抗がないらしい。それどころか、マジックペンをいかに使うかという工夫までしているように見えた。

そういえば、私の書の先生の今井満里さんも、色紙ではないが、マジックの太いところ、細いところを利用して、独特の書を書いていたことがあったのを思い出した。なるほど、それでもいいのだと、頭の固い私はやっと気が付いたというわけ。

印刷機がなかった昔、当然のことながら、筆で文字を書いた。もちろん、ヨーロッパでも昔は手書きだったが、毛筆という文房具がなかったせいか、日本のように「書」というものができなかった。書の発展はやはり毛筆があったからだろう。穂先をいかようにも変化させることのできる筆記用具が、文字を書くということそのものを芸術に仕上げたのだと思う。

しかし、それがいますこしずつ毀れかけているのかもしれない。書としては残るかもしれないが、色紙にマジックでも抵抗がないという時代になると、筆の妙味も薄れてくるかもしれない。また、色紙は散らし書きなどという伝統的な書き方があるが、若い世代ではわざわざ横書きに書いたりしている。いっけん妙だし、私は書きたいとは思わないが、考えてみれば、散らし書きだって、下のほうから書いたり、どこから読み始めたらいいのか、すぐには分からないようなものもある。

ましてや、最近の歌では英語（アルファベット）をそのまま使っていることもある。そんなとき、いったい色紙にどのように書けばいいのか（色紙に書くのに、その歌を選ばなければいいということは話が別）。

漢字、ひらがな、カタカナの表記以外に、自筆・フリーハンドという表記のしかたがあるのをあらためて感じた。活字では味わえない実感があるものだ。

カタカナばっかり

浦和東口駅前に待望の「ＰＡＲＣＯ」ができました！「待望の」と書くのは、ちょっと恥ずかしい気もするが、地元に住んでいる者にとっては、「パルコ」だろうと、「マイカル」だろうと、なんでもいいから早くオープンして……という気持だった。なにしろ、何年も前から雑然としたまま凍りついていたプランだったから。

さて、まず出かけて行った。一回目は下見、二回目はいちおうなにか買うものはないかなあという目で歩いた。なにしろ開店時の割引券があるから。しかし、買うものがなにもない。三回目には食料品だけ買って帰った。映画館や図書館の他はあまり行かないだろうという気がしている、なぜか。

とにかく、日本語がない。全部カタカナ。ためしに入り口でもらった案内図を見てみて、驚いた。地下一階は食料品売り場で、洋菓子とか、洋酒とか、雑貨とか、二つ三つの日本語がある。一階は青山フラワーマーケットの青山だけ。二階に一つ、「なでしこ」という店がある。三階には無印良品だけ。四階は島村楽器。五階はレストラン街になっているので、さすがに日本食は和名が付いていた。

つまり、五階分全部見ても、三つか四つしか日本語はないのだ。日本中、どの町を歩いていてもカタカナ語が氾濫していることは承知していたが、ここまで来ると戦意も失せる。

若い女性向きのファッションの店が多いので、英語より、むしろフランス語、イタリア語のほうが多いような気がする。といっても、私はいったい何語なのか、ほとんど見当もつかない。メキシコインディアンの言葉もあるのだそうだ。それにしても、「ユナイテッドアローズグリーンレーベルリラクシング」なんて覚えられるかなあ。

こんなにも他国の言葉を入れてしまえるのも、日本語の特色なのだろう。漢字、ひらがなばかりではなく、カタカナという文字があるので、あまり抵抗なく身近に置いてしまう。たしかに店の名前など、どうだっていいのだ。考えてみれば、最近の子供の名前もあまり意味がない。店にしても、人の名前にしても、他との判別ができればいいのだから、ま、いいかあ。

5

過剰な時代

最近、つくづくと豊かになったなあと実感する。もっとも、だいぶ前から豊かではあったが。昔は（こういう言葉が出てくるということは年をとったという証拠である）、出かけるときはハンカチ、ちり紙、財布、あるいは定期券など持ったかどうかをたしかめるのが通例だった。しかし、ちり紙はもちろん、ハンカチがあまり必要なくなった。トイレに行っても、乾かしてくれる機械が備えられているからだ。

おそらく、近々、財布も持たなくてよくなるだろう。電子マネーとやらで、ケータイかなにかで一本にまとめられるだろうから。

豊かなのはけっこうなことだが、豊かさを通り越している感じがする。

たとえば、トイレ。前に立つと蓋が開くとか、立ち上がったら自動的に水が流れるとか（これは身体のつごうで必要な人もいる）、坐ると水の流れる音がするものとか、そこまでしなくてもいいのじゃないかと思う。

元気な音を立てればいいのである。

使い捨ての時代でもある。安価なものが出てきて、まだ使えるものを捨ててしまう。また、捨ててあっても誰も見向きもしない。「マクドナルド」なども、作って何分か経ったら捨ててしまうのだという。

「豊か」という言葉を『広辞苑』で引くと、「物が豊富で、心の満ち足りているさま」とある。これはとてもいいことだが、「豊かすぎて過剰だ」という意味の言葉はない。飽食時代などと言うが、「飽食」という言葉も食物に不足がないということで、けして余って無駄にするという意味ではない。

いまは過剰な時代、なにかふさわしい言葉はないのだろうかと思う。

考えてみると、言葉というものは、有るものを対象に作られるのだ。したがって、有り余った状態がいままでなかったから、言葉もなかった。あるいは足りなかったからこそ、満ち足りた状態を欲する言葉ができたのだ。

物余り、贅沢、無駄、過剰、どんな言葉でも当てはまらないのがいまの日本だ。たぶん、いまの、過剰で無駄が横行し、豊かすぎて豊かさを感じられないという状況を表す新しい言葉が、そろそろできるのではないだろうか。

『広辞苑』「第六版」

『広辞苑』「第六版」が出るということで、話題になっている。「超」新しい言葉が入っているという。たとえば「うざい」「めっちゃ」「いけ面」「中食《なかしょく》」「いいとこ取り」などなど。

言葉は時代を映す鏡だから、変っていくのはしかたがない、と思う。けれど、それだけに消えることもある。前記の言葉が消えることはないかもしれないが、できれば流行語ではなく、かなり上の世代でも使うようになってから辞書に入れてほしい。日常で若い人たちが使うのはかまわないけれど、辞書に載ると市民権を得たことになる。

抵抗を感じるというのは、私が年寄りの分類に入るようになった証拠ではある。でも、せめて私たちの世代が抵抗ないというようになってからでも遅くはない。しかし、これらは充分定着したから入れますと書いてあるのだから、私がいかに遅れているかと慨嘆しきり。

他には、「認知症」「健康食品」「道の駅」「個人情報保護法」などは、まだ載ってなかったのかと思うくらいだ。

また『広辞苑』とは別に、「ナース」とか、「スチュワーデス」という言葉がなくなった。これは性差を表すのでいけないのだそうだ。ナースが女性を指すので、男性の同じ職種の人を呼ぶ言葉がなかった。そこで、新しい言葉ができ、「看護師」が「第六版」に入った。「スチュワーデス」は「キャビンアテンダント」と呼ばれるようになった。これは自然派生的な言葉ではなく、状況が言葉を生み出した例だろう。

二〇〇七年の制度改革で、「大学の助教授」と言わなくなった。いまは「准教授」と言うのだそうだ。なんだか馴染まない。どうも「助」というのが差別だとかなんとか聞いたような気がするが、ほんとかどうか知らない。これも「第六版」に入るそうだ。

世の中が変って新しい言葉ができる。それも、どんどん加速度的に増えている。そんなわけで新しく覚えなきゃならない言葉がたくさんあるのだから、いまある言葉はできるだけ変えないでほしい。変なこだわりなんか捨てて、いまあるので我慢する。言葉も省エネでいってほしい。だって、憶えられないのだもの。

ま逆

真剣にテレビを見ることはあまりないのだが、なんとなくずっとスイッチは入っているので、雑多な言葉が耳に入ってくる。そんななかで、このごろちょっと気になっている言葉、「ま逆」。気になり始めて、どんな場面で使われるのか気にしているのだが、一定の場ではなく、どんなところでも使われている。なにかの反対ということだが、「ま」は、強めの言葉である。

以前は「正反対」と言った。「正反対」を辞書で引いてみると、「ま反対」と解説にはあるが、ためしに「ま反対」を引いてみると、ない。「真正面」と言うようなときの「ま」であり、ちょうど正面と言うときの「ちょうど」に当たる。したがって、強めの言葉としていちおう理解はできるが、やはり「正反対」が落ちつくように思う。

話は逸れるが、能舞台の脇正面、相撲の裏正面など、素人にしてみれば正面ではないのではないかと思ってしまうのだが、たしかに相撲など、場面としてはどこが正面かは分からない、取り組みによって見所が違うのだから。

話を戻して、「ま逆」という言葉。「逆」というのは、順を逆に辿るとか、反逆というように、なにかに逆らうような意味に使ってきた、と私は思う。「ま逆」という言葉をテレビで聴いていると、どうみても「正反対」の意味に使っているように思えるのである。

言葉というものは、みんなで渡れば怖くない、というものだからかまわないけれど、いやに耳について離れないのだ。

なんだか、このごろテレビを見ていると、小言幸兵衛みたいになって刺々しくなっていることに気づくことがある。〝あれ、変なんじゃないの〟とか、〝そりゃ、違うでしょ〟とか、声に出して言っているのだ。われながら、ちょっと怖い。

ま逆に、言葉に鈍感になってしまうのもさみしいと思うから、ま、誰に迷惑をかけるというものではないからいいか、と思っている今日このごろ。

常用漢字

「常用漢字」というものがある。社会生活で使う頻度の高いもの、ということらしい。

先日の新聞によると、「文化審議会漢字小委員会」というところが、新たに都道府県に使われている十一文字を「常用漢字」に入れることを了承したという。どうも官庁の組織に疎いものだから、「文化審議会漢字小委員会」というものが、どこの組織に所属して、どの程度の権限があるのかも知らないのだから、どう考えていいか分からない。

けれど、「了承した」というのだから、かなりの権限があるのだろう。この組織の了承を得ないと、「常用」にはならないということだ。そして、近々、上部組織の国語分科会に報告する、と書いてあった。うーん、どこが決めて、どこが実行するのだろう。

その十一字とは、静岡や岡山の「岡」、熊本の「熊」、茨城の「茨」、栃木の「栃」、埼玉の「埼」、山梨の「梨」、岐阜の「阜」、奈良の「奈」、大阪の「阪」、愛媛の「媛」、鹿児島の「鹿」。これを見て、〝えー、「埼」も入っていないのー〃と、びっくり。毎日のように使っていた文字だから。これが「常用」ではなかったなんて。

「常用漢字」というのは、私たちが日常よく使っている漢字をピックアップしたというわけではなく、お上が、常に用いてよい、と許可した漢字だったわけだ。なるほど、そうだったのか、いままで埼玉県人は無許可で使っていたというわけだ。

またしても、背中がむずむずしてくる。なぜ、古くから地名に使われている漢字を「常用」としてこなかったのか。なぜ、いまごろになって、そんなことを言うのだろうか、とても疑問だ。かつての郵政省とか、国土交通省とか、ＪＲとかはどうだったのだろう。

そもそも、そんなことを決めてどうするのだろう。古くからある漢字に、常々とか、たまにとか、めったにとか、そんな段階が要るのかなあ。だから、「がく然」とか、「せん索」「騒じょう」のように中途半端な熟語になってしまうのだ。「がく然」と書かれると、愕然となってしまうのは私だけじゃないはずだ。

神につながる文字

漢字は、あまりにも膨大な数があるし、画数の多いものはとても覚えきれないだろうというので、お上が親切に略字でよいと言ってくださる。「尽」などは「盡」と書かなければならないとしたら、私の頭では無理かもしれない。ありがたいことだ、と言っているうちに、とんでもない方向へ舟が進んでも気が付かないという状態がこないとも限らない。

白川静氏の本を読んでいると、びっくりすることが多い。文字なんて単なる伝達手段でしかないと思っていると、けしてそうではないらしい。漢字の多くは民俗、文化と結び付いているのだそうだ。そのもとを辿れば、神と結び付く。あまりに壮大で深遠で理解はできないのだけれど、深いということだけは分かる。

たとえば「道」という字は、首を持って歩くところなのだそうだ。異文化との支配関係において呪術的な要素があった。「進む」という字、軍隊が進む、鳥の羽で進んでいいかどうか占いをする。だから、「進」という字は「隹《ふるとり》」を使うのだという。

すべての文字にそうした意味、あるいは由来がある。そうは言っても、いちいち語源を考えていては先に進まないから、そんなに難しく考える必要はないと思うが、ちょっと寄り道することがあってもいいと思う。

「初めに言葉ありき」と聖書にもある。それならば、同じように「初めに文字ありき」であってもいい。神の言葉から始まったとしたら、やはり神の文字から始まったと言ってもかまわないのではないか。

いま、日本のあちこちで、合併合併の最中、古い地名が消えていっている。時代の流れだからしかたがないのだが、地名には文化があり、歴史があるので、それらを消すということは古い文化歴史をなかったことにするのと同じこと。為政者がつごうの悪いことを隠すときの手段のような気がする。

文字も、親切に簡略化してくれているようでいて、文字の語源を曖昧にしてしまう。中国の略字よりはまだいいように思うけれど、略字や漢字制限で思想的なことまで縛られてしまう怖さを感じるのは私だけなのだろうか。

語源をさぐる

この秋、「熾」の「全国研究集会」が花巻であるので、ついでにどこかに行ってみようと遠野あたりの地図を眺めている。地方には珍しい地名があって、地図を見ているだけでも楽しい。地名から歴史や地形などを想像するのが楽しいのだ。「かっぱ淵」などは、たぶん昔、河童が出たとか、そんなことだろうと想像はつく。

さらに見ていると、「デンデラ野」という場所があった。写真を見ると、ただの野原、草原《くさはら》であって、特別のところではない。私は、特別のところではなく、茫洋としたところが案外好きなので、行ってみたいと思った。よくよく読んでみると、「デンデラ野」の語源は「蓮台野」だそうだ。つまり、蓮の台《うてな》。高齢になると、家族と離れて、死ぬまでここで暮らしていたらしい。

この地方では、蓮台をデンデラと言っていたのかもしれないが、語源を忘れさせるようにも思う。埼玉県川越市に「オトーカ橋」というのがある。打木村治の『天の園』という小説に出てくるのだが、「トーカ」とは「稲荷」を音読みにしたもので、お稲荷さんの近くにあったとかいう橋だった。「トーカ」と言われても、稲荷とすぐに結びつける人は少ない。

音だけでは意味がはっきりとは取れない言葉が案外多いものである。自然にそうなったのなら、それはそれでいいと思うが、最近では国が、「臭いものには蓋」のように使っているのが気になるところだ。

いま問題になっている「後期高齢者医療制度」。これじゃ、あんまりひどいじゃないかというので、「長寿医療制度」と変るらしい。名前が変っても、中身は同じ、高齢者に厳しいのは変らない。名前だけ聞くと、長寿を歓迎しているみたいに錯覚するが、とんでもない、「長寿＝デンデラ野」なのだ。たとえば「認知症」なども、認知できるのなら病ではないだろうと思うのだ。ストレートに言うのを憚っているのか、それとも実態を曖昧にしようとしているのか。

本来、言葉はなにかを伝えるために生まれたと思うのだが、いまは、いまの国の方針では、曖昧にするため、隠蔽するために使われているような気がしてならない。

言い換え語

短歌ほど、言葉の守備範囲が大きい言語表現は他にない。現代語はもちろん、古語から超現代語、省略語も入るし、俗語も、外国語も自由に入ってくる。

インターネットに「もんじろう」というサイトがあって面白いというので、見てみた。標準語を方言に置き換えてみたり、ギャル語や武士の言葉に置き換えたりしている。「学校」は武士語では「寺子屋」と出ていて、では「藩校」はどうなのかと思ってしまったが。しかし、方言などはなかなか豊かだなあと思わせせられる。

置き換えといえば、当然、翻訳ということが頭に浮かぶ。すこし前まで「看護婦」と言わずに、「ナース」と言うのが流行っていた。というより、一般的な呼び方だったのかもしれないが。しかし、いまは「看護師」。ナースは看護婦で女性に限られるから。スチュワーデスというのも使わなくなった。スチュワードという男性を指す言葉もあるが、男女の区別や差をつけないということらしい。いまはキャビンアテンダントとかなんとか言う。

たとえば、外来語。私たちが健康維持のため、歩くために歩いている、あの「ウォーキング」。たぶん「歩くこと」とか、「歩く」という意味であって、健康維持のための云々という意味ではないだろう。念のため、英語の辞書を引いてみる。「walking」歩くこと、歩行、ウォーキング、歩き方、散歩、ハイキング、遠足と出ている。だいたいそうだろうと思うが、三つ目の「ウォーキング」は笑っちゃう。たぶん、これは日本語的なウォーキングのことなのだ。

ちなみに、『広辞苑』には「ウォーキング・レースの略」と出ている。「競歩」のことだろうか。私が思っているウォーキングの意味とは、ちょっとニュアンスが違う。「swimming」は「水泳・泳ぐこと」と出ていて、スイミングクラブに行くこととは違う。でも、私たちは「川にスイミングに行って来る」とは言わない。

言い換えることで伝わりやすくなるものもあるが、言い換えるたびに違った意味が加わってくることもある。ときには辞書が追いつかないこともある。

人の源は

人間は猿から進化したのかと思っていたら、それよりもっとずっとずうっと前に遡るとナメクジウオだと新聞に出ていた。ゲノムとかいうものを解明した結果だという。いま、ゲノムというと、水戸黄門の印籠みたいに、ははーあっと頭を下げるしかない。

私はナメクジが大嫌いなので、聞いただけで人間でいることがいやになってしまいそうだが、ナメクジとナメクジウオはまったく違う。違うけど、やっぱりどこか連想して、これだけはいやという気分は変らない。どうして、そんな名前が付けられたのだろう。ナメクジも古くはナメクジラと言っていたらしい。鯨とどこか共通なのだろうか。

実際のものとは関係なく、名前のせいで嫌われたり、敬遠されたりするものがある。たとえば植物でも、とんでもなく悲惨な名前がある。

「イヌノフグリ」、可愛い花なので、案外人気がある。特に歌を作る人には好かれる。あまり意味を考えなければ、まあ、見逃すこともできる。「ママコノシリヌグイ」、これはひどい。しかも、棘が生えているので、こういう名前が付けられたらしい。これって、差別じゃないのかなあ。「ノボロギク」、漢字で書けば「野襤褸菊」。「襤褸」と名付けられた植物には、同情の他はない。「ヘクソカヅラ」、これもひどい。あまりいい臭いではないらしいが、そんなこと、花に責任はない。こうしてみると、植物学者、生物学者は案外意地の悪い人が多いのだなあと思う、植物学者に読まれると困るけど。

植物名、動物名はカタカナで書くことになっている。そこにはいろいろな事情があるのだが、カタカナで書かれたときに意味が消える。だから、こんな差別的な名前でも問題にはされない。たとえば、「カライモ」を「唐芋」と書けば、中国から渡来したのかなと想像することはできる。しかし、カタカナではそれができない。「ベニバナトチノキ」なども「紅花橡の木」と書けば、すぐさま赤い花を思い浮かべることができる。

合併による地名の変更も数多いが、なかには平仮名の地名になってしまったところもある。なにもかも源は隠されてしまう。それに対して、科学は逆、ゲノムによって元の元の元まで辿れるようになってきたのである。

高貴高齢者

かつて、と言っても、千年以上前のことだが、好字法というのがあって、地名には良い名前を付けろという、お上からのお達しがあった。言葉には言霊というのがあって、良くない地名では縁起が悪いということなのだろうけれど、良い字、良い言葉を使いたいというのは、誰もが考えることらしい。もっとも、国のすることは単純ではなく、統一のための下心もあったらしいが。

受験のときに、滑るとか、落ちるとか言わない。結婚式に、分かれる、割れるは言わないとか、けっこう言葉を気にしてきた国民性だ。

たとえば、「葦」という植物は「悪し」に通じるというので「ヨシ」と言い換えたり、「スルメ」は「スル」というので「アタリメ」になったり、「閉める」というのもあまりよくないというので「お開き」と言うようになったのだ。

そんな国民性だったはずなのに、最近、取りざたされている「後期高齢者」というネーミングのセンスの悪さはどうしたことか。制度の話はさておくとして、千年前の官僚のセンスを見習ったらどうなのか。

最近、これを素材にした歌が目につく。なかで、「後期」を「高貴」「好機」「光喜」「香気」「光輝」「幸喜」などと言い換えて楽しんでいる歌があった。どれを当てはめても冷たい制度には変りはないのだが、もし言葉が先にあったら、制度の考え方も違ったものになったかもしれない。

おそらく立案の段階では、何度も「後期高齢者」と書いた書類が飛び交っていただろう。もしその書類に「高貴高齢者」と書いてあったら、なんとなく会議での雰囲気が違っていたかもしれない。おのずから敬うような気分が会議のなかに生まれたかもしれない。

単なるネーミングではなく、言葉が内容を決めていくと思う。言葉にはそういう力があると思うのだ。

猛暑・酷暑

暑い、暑い、とにかく暑い。私の住む埼玉は、熊谷に代表されるように、特に暑いところ。熊谷に比べれば、まだ、さいたま市はいいほうだが。

私の子供のころは、夏休みのうち何日か三十度を超す日があって、それを暑いと言っていたように思う。

「きょうは暑いね、あっ、やっぱり三十度超えてる」なんて言っていた。ところが、いまは三十度を超えるのは当たり前、三十五度を超えると、「猛暑日」という。それが、かなり多くなってきたのだ。

また、子供のころの話だが、「猛暑」という言葉はあったのだろうか。

『広辞苑』の「第一版」には、「酷暑」はあるが、「猛暑」はない。「猛暑」は「第二版」から登場する。それまで「猛暑」はなかった。

つまり、言葉がなかったということは、そういうこともなかったということだ。気温がさらに上がって「猛暑」が当たり前になると、こんどはなんと言うのだろう。三十八度を超える日が多くなると、またグレードアップした言葉ができるのだ。

かつて、国鉄には「鈍行」という言葉もあったが、「普通、準急、急行、特別急行、特別以上の超特急」という具合にエスカレートしていった。でも、いまはちょっと遠くへ行こうとすると、超特急が当たり前、新幹線でも満員状態。さらに、マッハ級の速さになると、どんな名前が付くのだろう。

「酷暑」も、かなり惨い暑さのように思えるが、「猛暑」も猛烈だ。このようにして言葉は生まれてくる。新しい植物が交配してできると名前が与えられ、新しい星が見つかると名前が与えられ、新しい状況が生まれると、またなにか言葉が生まれる。

新しい言葉は無限に作られることになる。覚えるのも、けっこう大変だ。新しい言葉が生まれることは幸せなことなのだろうか、それとも。

気候に関しては、あまり新しい言葉は生み出したくはないな。

気骨

このところ、オリンピックの余波もあって、頑張っている人のニュースを目にすることが多かった。高齢のアスリートもいたし、傷を負いながらも頑張った人、通常なら考えられないような力を発揮した人。身体に障害のある人たちの「パラリンピック」もあった。当たり前のことだが、並大抵の努力では人を感動させることはできない。

聞いていると、周りの人からは理解されなかったり、協力を得られなかったり、冷ややかな目で見られていたり、という悪条件の時期を多くの人が経験している。それでも止めることをせず、メダルを獲得したというような気骨のある人物がまだいたのだなあ、と感心した。「気骨」という言葉を遠いもののように思っていた。死語に近いと思っていたから、ぐっと見直したのである。日本にも、まだまだ気骨のある人物がいたんだなあ、と。それも若い人たちに。

ところで、「きこつ」と読むと、信念を曲げない人ということになるが、「きぼね」と読むと、気苦労、心労ということになる。骨が折れる、つまり苦労するということが、肉体ではなく、気（精神）のほう、気の骨が折れるということだろう。

音読みの「キコツ」、訓読みの「キボネ」。こういうとき、どういうわけか音読みのほうが一段、格が高い。言葉に「気骨」がある。

「含気骨」という言葉もあるらしい。頭蓋骨の一部で、重量を軽くするために空気が入るようになっているらしい。気骨を含んでいるのかと思ったら、そうではない、気を含む骨、ということなのだろう。

読み方でも、意味が変ってくる。どこで切れるかでも、意味が変ってくる。まったく日本語は「気骨」の折れることだ。

こだわる

私が、ほとんど月一で通っている新宿の「ベルク」という店がある。珈琲も抜群においしいし、骨付きハムとか、ビールとか、こだわりの店である。

その店で出している「ベルク通信」に、店長自身が書いているのだが、この「こだわり」という言葉、けしていい言葉じゃなかった。些細なことにとらわれるとか、拘泥するということである。

しかし、いまでは《こだわりの店》などと言って、手間隙《てまひま》掛けた凝った商品を並べているような店を指す。そんなこんなで、「こだわり」という言葉に抵抗を感じながらも、やはり食にこだわる店なのである。

もともとはあまりいい意味ではなかったが、いまは良いほうに使われている言葉が、その他にもいくつかある。

たとえば、「がんばる」。子供に向かって、よく頑張ったね、偉いね、などと言う。しかし、本来は「我を張る」というところから来ているので、自分の意思をどこまでも通してしまう困った人のことを言った。

語源はだんだん曖昧になってくるのはしかたがないとは思うのだが、やはり言葉には「こだわり」をもって使っていきたい。

新聞だっただろうか、どこか、誰が書いたのか忘れてしまったが、なにかがうまくいったとき、「やった！」と叫ぶ、この「やった」という言葉にクレームをつけている文章を読んだことがある。それによると、「やった」は俗に言う男女関係を指すらしい。

ほんとにそれだけとは思わないが、しかしあまりきれいな言葉ではないのはほんとうのような気がする。もっとも、気がするだけで、根拠らしいものもないのだが。

また、「ど根性」「ど真ん中」などの「ど」は、もちろん強めの言葉なのだが、あまりいいほうには使わなかった。「ど真ん中」は、昔だったら「まん真ん中」と言ったと思う。これらは故意に変えられたものではないだろう。誰かが使い、おのずから広がったものなのだろう。

二　言葉は世につれ

初出＝「熾」(月刊)２００９年(平成21年)１月号―２０１２年(平成24年)12月号

1

誤読なんて怖くない、か。

「未曾有」「踏襲」「前場」「詳細」「完遂」「頻繁」「措置」「有無」。さて、なんと読むでしょう。最近は漢字検定を受けるというのも流行しているし、またテレビなどでも漢字クイズが流行っているので、そのなかの設問かと思う方がいるかもしれない。

「みぞゆう」「ふしゅう」「まえば」「ようさい」「かんつい」「はんざつ」「しょち」「ゆうむ」と答えて恥をかいているのが、「内閣の首長たる国務大臣。国会議員のなかから国家の決議で指名し、これに基づき天皇によって任命」された人である。

単なる読みまちがえだと居直っているらしいが、漢字を読みまちがう、あるいは読めないというだけなら、あまり問題ではない。誰でも勘違いしている言葉もあるし、全部読めるというものでもないからだ。

ほんとうに恥ずかしいのは、誰かの（官僚・秘書など）の書いた文章を坊主読み（お経を読むように意味を考えずに読む）していることだ。読めないというより、自分で考えて書いたものではないということのほうが恥ずかしい。たぶん、文章を書いた人は内心、嗤っているだろう。

最近、パソコン、ワープロが一般的になってきて、読めても書けないということが多くなった。読めないとパソコンも打ち込めないから、読むのは案外、読めるのだ。

かつて活版印刷だったころ、怪しい漢字・略字を書いても、植字工さんが拾ってくれた。素晴しい技術だった。怪しい字でもしっかり読んでくれたものだった。いまは略して書くと、略した字、曖昧な文字を作ってくれる。これってありがたいことなのか、憂うべきことなのか。作字が簡単にできるらしい。誤読がヒンパンで、ハンザツになってくるだろう。

言い換えか、新語か。

新しい物が発明されたり、発見されたりすれば、新しい言葉が生まれるのは当然だ。また、新しい社会が生まれれば言葉も生まれる。新しく思想が唱えられれば新しい言葉ができる。それは当然だが、いつの時代に、どんな言葉が生まれたのか。そして、百年で、あるいは十年で、いったいどのくらいの数の言葉が生まれるのだろう。

調べる手立てもないので分からないが、現在、最近、この十年くらい、かなりのスピードで新しい言葉が生まれているような気がする。むろん、新しい言葉ではなく、新しい使い方というのもあるが。

若いころに憧れた「スチュワーデス」という言葉もなくなった。いまは「キャビンアテンダント」とかなんとか言うらしい。あんまり憧れる気がなくなった。これらは性差をなくすためらしい。「スチュワーデス」は女性に限られているので、職業の自由に反するらしい。でも、昔から「スチュワード」という男性の呼び名もあったと思うのだが、それもよくない、性差をなくせということらしい。

性差で言えば、「ナース」も使わなくなった。「ナース」は女性を指すからだ。「ナース」に相当する男性の呼び名はなかったのだろうか。いまは看護師という。なんだかとっても冷たい感じがする。たぶん、お役所言葉のような印象を受けるからだろう。「ナースコール」などは、いまなんと言うのだろう。たしかに機構が変われば言葉も変るのはしかたがないかもしれない。

私の通っていた美容院では、美容師のことを「ディレクター」という呼び名にした。仕事が変るわけでもなく、技術が上がったわけでもないのにだ。なんとなく気取っているような気がして、それ以来、通う気がなくなった。

病名などや、お役所の言葉には、言い換えることによって、意味が曖昧になったものもある。言い換えることで本質を隠すことになることがあるからだ。言葉はなにかを表現するためにあるのだが、新しい言葉を生むことで、むしろ隠している、隠そうとしている。それが現代のような気がするのだ。

淹れる・点てる

さて、珈琲でも淹《い》れて一休みするか、なんて、のっけから休憩なんかしていいの、って言われそうだが、朝から仕事してたのだから、って、誰に言い訳してるのか。

台所に行って、珈琲の準備、まてよ抹茶もしばらく飲んでない、古くなってもいけないから、抹茶を点《た》てるかって、予定変更。

珈琲は「淹れる」、抹茶は「点てる」、じゃ、紅茶は？　お湯が湧く間に考えた。

「淹」は、漢和辞典によると、「おおう、ひたす、上に水をはる、水をいっぱいにはって下の物をおおうこと」、「はった水が引かないように、いつまでもとどまる。ぐずぐずしているさま」とある。

たしかに珈琲は、フィルターで淹れるなら、すこし溜めておいて、ゆっくりと落ちるのを待つ。「点てる」は、『広辞苑』によると、「かき回して整える」というから、抹茶に合う。じゃ、紅茶は？　淹れるでいいのかなあ。

たとえば、口紅は「引く」「差す」。頬紅は「佩《は》く」などと言う。眉は描く、アイラインは線だから引くだろう。マスカラは塗る？

こうやってみてみると、日本人は、似ている動作でも、かなり多くの語彙を使い分けているらしい。でも、珈琲も紅茶も抹茶も、「入れる」で通用するかと言えば、する。紅も頬紅も眉墨もアイラインもマスカラも、「塗る」のひと言で通用する。まちがいとも言えないだろう。

数を数える言葉も「一つ」「一個」くらいで、どんなものでもなんとか通じてしまう。動作も単純になった。さまざまに使い分けるのはややこしいから、単純化するのもけっこうだとは思うけれど、〝ここを使い分けるところがゆかしいんだよなあ〟と思ってしまうのは、「昔はよかった」というのが口癖の固陋（古老）になったってことなのだろうか、と思いつつ、一服したことだった。

非・常用漢字愛好者

漢字検定なんとかいう集団が儲けすぎたとかで（そればかりではないらしいが）、家宅捜索を受けたという。このところの漢字クイズ流行のおかげで、検定試験を受ける人が急増して儲かってしまったらしい。

国には、「文化審議会国語分科会、漢字小委員会」という機関があるらしい。そこで、「常用漢字」なるものを増やしたという記事が載っていた。漢字は、「書く」ものから「打つ」ものになって、増やしても大丈夫ということになったらしい。

昨年の春にも同じことを書いた覚えがある。同じことが具体的になったということなのだろうか。「新常用漢字表（仮称）」に関する試案と言うのだそうだ。

そのなかに、我が故郷の「茨城」の「茨」があった。これまでなかったのかというのがショックだった。埼玉の「埼」も今回加わった。毎日使っているものだから、今更なかったと言われても、ねえ。たとえば、熊本の「熊」も、奈良の「奈」も、今回追加されるという。熊本も奈良も茨城も、なんの躊躇もなく、「非常用漢字」を使っていたわけだ。「非常用漢字」を使っても、普通の大人なら誰でも読めるし、多くは書ける。

「常用漢字」とも言い、「当用漢字」と言うこともあるが、そもそもなぜ決めなければいけないのだろうか。むろん、学校で教える漢字の数が決められるのはいい。当座、使うのはこのくらいだから、それさえ知っていれば恥ということはない、というなら、それでもいい。

けれど、漢字制限となると使ってはいけないことになってしまって、短歌が作れなくなってしまうかもしれない。しかし、歌集には、常用どころか、めったにお目にかかれない漢字がたくさん出てくる。

「常用漢字」というものが形だけになっているのではないか。「常用漢字」を考えるのは、追加だ、削減だ、という記事を見たときだけだから。

財布の紐が固い

昨年暮れから、どうにもこうにも景気が悪い。こうなると、貧乏人の代表である私は、生活防衛をしなければならない。国民全員に、金持も貧乏人も区別なく、なにやらお金をくれるというのだから嬉しいことだが、そのあと、どうやら消費税が上がるらしい。行きはよいよい、帰りは怖い……みたいなもので、すこしくらい貰ったって、どうしようもない。財布の紐が固くなるのも当然だ、などと怒ってみても、私の財布には紐がない。締めようにも、固くしようにも、ないのである。どうやったら、財布の紐が握れるのか、あーあ、私の財布は開けっ放しだ。

時代劇に出てくる財布は、袋の口に紐がついていて、それでくるくる巻き込んでいたな、たしか。水戸黄門のとき、うっかり八兵衛が持っていたな、たぶん。

そんな時代の言葉がいまでも生きているのだ。あんまり意味は考えないで、財布を開けないということを「紐が固い」と言う、それでいいではないか。

「下駄を預ける」という言葉もある。相手にお任せ、というときに使う。なんで下駄なんか預けるのか分からないけど、いい言葉だ。「靴を預ける」では、気分が出ない。鶯谷の「笹の雪」というお豆腐料理の店にはいまだに下足番がいて、履物の世話をしてくれる。気分がいい（意味は違うけど）。

「投薬」という言葉がある。病院で薬を出してくれることだが、投げるのは失礼なので、与えるにしようとかいうこともあるらしい。釈迦の臨終のとき、お母さんの摩耶夫人《まやぶにん》がすこしでも早く届くようにと薬を投げた、という故事から来ているので、けして投げつけたわけではない。早く早く、と急いだことによる。

語源が分からなくなっても、言葉には歴史があるので、むやみに変えてはいけない。むしろ、語源を伝えていくべきなのだ。紐のついた財布も、手元に置きたいな。

化粧をほどこす

このところ、というか、だいぶ前から、寄ると触ると老いの話ばっかり。

化粧が老化防止にいいらしい。女たるもののいくつになっても綺麗でいたい。化粧の一つもしたいと、内心思っているらしいのだ。そのとおりだ。やっぱり、綺麗でいたい。一つでも若く見られたいのが女の本能だ。化粧をしなくなったらお仕舞いだよと誰かが言って、今日の井戸端会議が終った。

さて、翌朝、ねんごろにファンデーションを塗って、口紅を塗って、うんっ、口紅は差してか？　眉を描いて、うんっ、眉は描くか？　頬紅は佩《は》いてか？　白粉は叩《はた》くだけど、ファンデーションは叩《はた》くではないよな、もちろん「たたく」ではない。字が同じだから、ややこしい。

飛躍するが、博打は「打つ」と言う。碁は「打つ」と言い、将棋は「指す」と言う。私には、なぜそう言うのかは分からないが、かならず意味はあるはず。その語源こそ、ほんとうの「意味」であり、「意義」である。

言葉の意味、漢字の意味は辞書に出ているが、この主語と述語の関係は、案外難しい。先の化粧で言えば、口紅もファンデーションも頬紅もアイシャドーも、みんな「塗る」ですんでしまう。一つの言葉ですんでしまうのは楽でいいとは思うが、曲がない、趣がない。底が浅い感じがするのだ。

外国人が日本語を習うのに弊害になるということもあるだろう。おそらく、外国語に訳すのにはどっちだっていいわけで、そんな細かいことを気にするのは現代的ではないのだ。

私自身も知らない言葉、使っていない言葉もあるので、偉そうなことは言えない。けれども、どこかで堰き止めないと、骨のない言葉ばかりになってしまう気がする。

女子（助詞）が先頭を走る

「お砂糖、いりますか」「……は、けっこうです」、「桜、咲いていましたか」「……は、まだでした」というような会話が気になってしかたがない。返事の部分である。人の会話や言葉遣いが気になるのはおばさんの特徴なんだけど、街のどこででも聞くし、インタビューなど、テレビのなかでも、ときどき聞くことがある。

助詞の「は」から始まる文章って、おかしくないかなあ。助詞はあくまで何かを助けるんだから。おそらく、ここを補足すると、「それはまだです」とか、「それは」に当たる代名詞が入るべきなのだ。だが、入らない。「は」から始まるのだ。

そもそも、代名詞は、本来の、ここで言えば、「砂糖」や「桜」を重ねて言うのはどうかというので、「それ」とか、「あれ」とか、代名詞にして省略しているわけだが、代名詞さえ省略してしまおうという魂胆か。

でも、この会話、代名詞がそもそも要らない。お砂糖いりますか、けっこうです。桜は咲いていましたか、まだでした。で、いいわけで、わざわざ助詞をつけるのはなぜだろう。

私は考察する材料を持たないから、解明はできない。〝不思議だなっ〟という思いだけにとどまる。

ここで心配なのは、そんなことを言っていても、なんとなく影響されてしまうということだ。あんなに忌み嫌っていた「ら抜き言葉」だって、気が付いたら私も使っていた。「っていうかあ」なんていう言葉も、あれっ、と思った瞬間に使っていたこともある。

だから、私も「は、いりません」と言ってしまうかもしれない。子供が言葉を自然に覚えるように、ウイルスと同じくらいに忍びやかに体内に入ってくるものだ。だからこそ、手洗い、嗽《うがい》が欠かせない、ということになる。無意識でいいわけがない。

手作り・ちびっこ・駐輪場

好きな言葉、嫌いな言葉というものが、誰にでもあるだろう。私は「手作り」という言葉が嫌いである。もちろん、使い方の問題だから、全面反対というわけではないのだが。

たとえば、昔はパンを家庭で焼くということはあまりなかった。ご飯は炊いても、パンはお店で買ってくることが多かった。そのなかで、「手作り」でパンを焼くという主婦が増えて、あえて市販ではないという意味で、「手作り」という言葉ができた、そういう経緯だとは思う。

でも、今日の朝ごはんは、お母さんの手作りで……などと言われると、手で作らないで、なんで作るんだ、って、つい言ってしまう。「手作りのお弁当」なども、本来、家で作るものに、わざわざ「手作り」とはなんだっ、と怒りたくなってしまう。自宅で作るのが難しいものをあえて作るというときに使うべきなのではないのか。

もうひとつ、「ちびっこ」という言葉も嫌いだ。「ちびっこ広場」とか、「ちびっこファッション」などと言われると、子供を馬鹿にするなっ、と言いたくなってしまう。これって、蔑称じゃないの？　最近、やっと皆が気が付いたのか、あまり見かけなくなった。その代わりに出てきたのが「キッズ」。なんで「子供」じゃいけないの？

「駐輪場」という言葉も嫌い。車の駐車場に対して自転車の駐輪場というわけだが、自転車置き場じゃ、なぜ、いけないの？

言葉は、人それぞれ好き好きだから、自由に使えばいいけれど、商業主義に振り回されたり、マスコミに乗せられたり、センスの悪いお役所に先導されるのはたまらない。

こんにちはー

「いらっしゃいませ、こんにちは！」と、元気よく店内に迎えられることがしばしばある。ハンバーガー屋、レンタルビデオ屋、ＢＯＯＫ・ＯＦＦとか、あちこちで。けど、なーんか、こつんと当たるものがある。

いちおう「いらっしゃいませ」は敬語で、客を迎える挨拶にはふさわしいのだが、そのあとの「こんにちはー」はタメグチじゃないかなあ。友達じゃないよ、っと、ついつい言いたくなるのは、私が近頃、小言幸兵衛になってきたせいだ。

「こんにちは」や「こんばんは」の語源は、「今日は（今晩は）ご機嫌いかがですか」などの後半が省略されたということだ。したがって、最後の「は」は助詞なので、「こんにちわ」はまちがい。

午後の会議などで、司会者が「こんにちは」から始めるだろうか。むしろ、挨拶は省略して、「では、お時間ですから」などと始めるだろう。「こんにちは」は言いにくい。タメグチだからだ。その点、「おはよう」は言える。「おはようございます」という丁寧語があるから。目下が「おはようございます」と言い、目上が「おはよう」と鷹揚に応える、というのが従来の図式。

「さようなら」の場合は、やはり、どちらかと言えば、同等の感じ。目上の人に向かっては、「ごめんください」「失礼いたします」などを使うことが多い。もともと「左様であれば（これにて）失礼いたします」の後半が省略されたので、後半をとれば丁寧ということになる。

なぜ、「こんにちは」に丁寧語ができなかったのだろう。それにしても、もうすこし敬意を表してもらえないだろうか。たとえば、上品に「ごきげんよう」とか！

知っている

ずっとずっと昔のこと、私が短歌を始めたころ、先輩が歌会のあとだったか、喫茶店で、「斎藤茂吉って知ってるか」と聞いてきた。もちろん、私は素直に「知っています」と答えた。すると、その先輩はいきなり大きな声で、「いったい、斎藤茂吉のなにを知っているというのだ」と叱り始めた。

それからしばらくして、別の先輩から、「釈迢空って知ってるか」と聞かれて、『葛の花』くらいしか知らなかったので、知ったかぶりをして、また叱られると思い、「知りません」と言ったら、「釈迢空も知らないのか」とあきれられた。

じゃあ、なんと答えればよかったのか。

「知っている」は二通りある。たとえば「大原麗子って知ってる?」って聞かれたら、「知ってる知ってる」って言うけど、テレビや映画で見て知っているという意味で、知り合いであるという意味ではない（ことのほうが多い）。たいてい、こういうとき、知ってたら紹介して、なんてことにはならない。

じゃ、斎藤茂吉や釈迢空のときはどうなのだろう。歌人であれば（ともかく、短歌を作っている人であれば）名前ぐらいは知っているのは当然だから、この場合の「知ってる」は、多少深く知っている、あるいは議論し合える程度には知っている、ということになるのだろうか。

「私は短歌のことは知りませんが、現代の短歌は……」なんて話しかけてくる詩人とか、俳人、「短歌は知りませんが」というのは、当然、深くは知りませんが、ということだろうが、そういう前置きで議論をふっかけてくる輩も嫌味だ。

物知りという人種もいるが、知るということは楽しい。しかし、「知る」ということの意味深長さは、なんともはかりがたい。

分からない

私はどうもパソコン屋さんと縁がなくて、せっかく馴染みになっていたパソコン屋さんが潰れてしまう。その後、同じ建物に別のパソコン屋が入ったので、同じように用は足りるのだが、以前は私の機種の履歴が分かっていたので、プリンターのインクとか、消耗品などは黙っていても、それに見合うものを見つけてくれたので楽だったが、いまはそうはいかないのだ。

それに、パソコン語は難しくて、ほとんど理解できない。先日もＵＳＢを買いに行ったら、店員が「ＵＳＢの％＆〆？∞∴＠§☆£ですか」と聞く。まったくなんのことか分からない。どうやら機能のことを聞いているらしい。

分からないので、こういう形で、このくらいの大きさで……と、とにかく形を伝える。なんとか、分かってもらえて、手にしてほっとしたものの、どうにも宇宙に来てしまったような、妙に居心地の悪い思いをしつつ帰ってきた。

私は機能のことはよく分からない、見た目の形で覚えているのだが、それでは意味がないのだ。

新しくできたもので分からないというのはしかたがない。知識だけのことなら、分からなくても恥ずかしいとは思わないが、なにをどうするものかということをどうやって伝えたらいいか。ＵＳＢくらいだから問題は大きくないが、そのあと、ついでに聞いた、インターネットの繋がりが遅いのはなぜか、という質問の答えは、まったく分からなかった。言葉も分からないし、どうしてそうなのかがちっとも頭に入っていないから。

アナログとデジタルの差はここなのだ。私は形のある物、目に見える物だけを描くことができる。あちらは見えないものも描くことができるし、理屈抜きでこうなのだと理解している。したがって、説明のしかたが具体的ではない（ように思える）。空なるものから空なるものへの思考回路が私にはない。

モチベーションのあがらないグループにドラスティックな要求出しても……なんて言われると、モチベーションがいっきに冷え込んじゃう。外国語も言葉だから意味はしっかりあるとは思うが、日本語のなかに混じったとたんに、クウーと音立てて空っぽになってしまう、空なる言葉に気化してしまうのだ。

地言葉

最近、お買物ポイント、カードポイントというのが流行っている。大きなスーパーマーケットなどでは、上手くするとポイントが溜まってお得なのだそうだ。「お得」っていう言葉に弱いものだから、じゃ私も、って思ってしまった。

けれど、こういうことで大手マーケットに人が集まる。そのせいで、弱小の小売店が軒並み消えていくことになる。八百屋のオヤジはスーパーの青果部門のサラリーマンになっていくかもしれない。

世の中はサラリーマン、自営、主婦、芸術家、スポーツ選手、無職、いろいろな種類の人が集まってこそ面白いのだが、結局、みんな、サラリーマンになってしまっていいのかなあ。

先日、ある歌会で、「地芝居」という言葉があって、聞きなれない言葉だから他の言葉に入れ替えてはどうか、という意見があった。私も一理あるとは思った。伝達しなければ意味ないのだから。

しかし、その地区に住む人に聞くと、その土地では素人芝居のことを地芝居と言うのだそうだ。むろん、辞書には出ていない。しかし、その土地でみなが使っている。そういう言葉を、耳慣れないということで排除していいのだろうか、と思い始めた。

おしなべて標準語にしなければならないと思った明治の人たちの苦労はよく分かるし、当時はそれが必要でもあった。しかし、これだけテレビも普及して全国一律に同じ言葉を使うようになったのだから、かえって地元独特の言葉をもっと大事にしてもいいのではないか。

地卵もあるし、地芝居ならぬ地言葉と言ってもいいかも。方言とも違うのだ。地言葉のなかにこそ、風土的な味わいがある。たとえば同じことを、それぞれの地方で違う言い方をするということは、その土地の人の言語的感性が現れるからだ。

2

歌人か、歌手か。

大江千里という歌手がいる。大江千里という歌人がいる。もちろん、歌手のほうは現代の人。歌人のほうは平安時代の人。片方が歌手で、片方は歌人。歌人と歌手って、どう違うのだろう。もちろん、歌人は、歌を作る人で、歌手は、歌を歌う人である。歌を作るといっても、作詞ではないのは、もちろん。唄う歌の歌詞を作る人は、作詞家と言う。

では、歌手と声楽家はどう違うのか。なんとなく（調べたのではないので、正しくないかもしれないが）声楽家のほうはクラシックの曲を歌うのかなと思うが、ではオペラ歌手はどうなのか。オペラ声楽家とは言わないしなあ。

友人が中国に行ったとき、歌人だと言ったら、じゃ歌を唄ってくれ、と言われたと聞いたことがある。中国で歌人というと、歌手のことになってしまうらしい。他の外国語に訳すとどうなるのだろう。

歌を作る人は歌人、俳句を作る人は俳人、では川柳は？　いまは柳人と言うらしいが、すこし前は川柳作家と言っていたように思うが、あまりはっきり意識していなかった。

小説を書く人は小説家と言う。文人とも言う。自分で言うときは、へりくだって「物書き」などと言う。私が若いころ（短歌など知らないころ）、「わたしは歌詠みです」と言うご老人にお目にかかったことがあって、なにやらゆかしい気持になったことがあった。

小説家・文人、歌人・歌詠みはなかなかゆかしい。「家」「人」「手」、どれも〈人〉を指すが、私たちはどう使い分けているのだろう。

上げ底

年末にきて、スーパー定期預金満期のお知らせというのが届いた。こんな私でも多少の貯金はあるのだが、〝えっ、スーパー定期って、そんなのあるはずないのに〟と思った。

お知らせを開けて、よーく見ると、ただの定期預金だった。十万円のところに利息が……えっ何十円。それでスーパーなのだと言う。そういえば、以前に預金するときだったか聞いたような気がする、スーパーってなんですか、って。銀行の人が普通の定期預金のことですよ、と言っていたっけ。

要するに言葉の底上げだ。

列車の種類の呼び方はいろいろある。普通（鈍行）、快速、準急、急行、特急、超特急。かつて、準急というのがけっこうたくさんあったが、いまはほとんどない。

JRの高齢者のサービスで「ジパングクラブ」というのがあり、かなりお得。しかし、新幹線の「こだま・ひかり」は使えるが、「のぞみ」は使えない。まあ、超特急の上だからしかたがないかとは思ったが、時刻改正して、軒並み「のぞみ」になり、「ひかり」は一時間に一本しかなくなった、しかも停車駅が増えて。

かつての準急がなくなったように、いずれ「ひかり」がなくなって、「のぞみ」だけになるのだろう。ここでも上げ底になったのだ。実態はもとの「ひかり」なのに、「ひかり」を格下げして、「のぞみ」という名前にして値上げしたというわけだ。

十万円の定期預金でもスーパーと言う。預金高に関わりなく、特別に利息をたくさん付けてくれるスーパーなら大歓迎だが、絶対にそんなことはない。

最近の年齢は、八掛けだとか、七掛けだとか言われている。若々しいということなのだが、考えてみると昔の二十歳は大人だった。いまの二十歳は？　このあたりも、若々しいというより、上げ底なのかもしれない。

二〇一〇年／平成二十二年

いつからか（憚られるので、はっきりは言えないが）カレンダーはすべて西暦になった。元号だと変ることがあって、特にカレンダーは夏ごろから準備するので、年末に変ってしまうと困るから。

しかし、市役所とか病院とか、まだまだ元号で書くところもあって、〝はて、平成でいくと何年だったかしら〟と思うことがしばしばで、確かめようとカレンダーを見ても、どこにも書いていない。

年は、毎年変る。年齢も、毎年変る。あまりに一年が早いので、いったいいま自分がいくつなのか、いま平成何年なのか、忘れてしまうのである。

だから、西暦に統一するのがいちばん便利なのだが、しかし元号も捨てがたいところがある。昭和という時代、大正という時代、明治という時代をなんとなくイメージすることができるから。いまでも、「六〇年代」などと言うと、それは一九六〇年代のことなのだが、数字だけでは形を持たない。たとえば「昭和」という言葉は一つの形を持っているように思う。

数字は単なる数字であって、意味はあまりない。記号である。もちろん、「十年一昔」のように、十年間という時間を含めば意味を持ってくるのだが。

おそらく元号と西暦を両方使うのは日本ぐらいのものだろうけど、この複雑さを猥雑と思うか、豊かな重層性と見るか。日本語は複雑で、国際化のために簡素化しようという動きもあるが、言葉を簡素化することで、いままで積み重ねてきた時間や文化がなし崩しになってしまうのは残念だ。

ちょっとくらい複雑で覚えにくくても、この複雑さを楽しんでいける余裕がほしい、と言いつつ、片っ端から忘れてしまうこのごろなのだが。

女の会話

女の会話は接続詞から始まる。

喫茶店で待ち合わせて、まず「それでねえ」とか、「だってねえ」から始まる。なにが「それで」なのか、しばらくの間は分からないが、そんなことちっともかまわない。そのうち分かることだから、急ぐことはないのだ。

『広辞苑』には、接続詞の項に、「品詞の一つ。単語・連語・節または文を接続する語」と書いてある。「それでねえ」は、言ってみれば、「承前」である。前にあることを知っているのが前提だが、女は守備範囲が広い。いきなり「それでね」と言われても、どんと受け止める。前提をいくつも持っているから。

たとえば、隠語や「あれ・それ」に近いものがある。仲間内ではなんとなく分かるのである。あれがね、と言えば、それで分かるのである。分かりあえる範囲にいるのが女友達というものなのである。

女の会話には飛躍がある。話が飛ぶ。飛ぶけれど、いっこうにかまわない。また戻るから。戻らないのは、戻らなくてもいいような内容なのである。

女の会話には主語も述語もあまりない。推測しながら会話は進む。あるいは思い込みながら話が進む。大方はそれで問題はないのである。が、たまに、ほんとうにたまに、まったく違うことを思い浮かべていて、あとでとんでもない行き違いになることがあるのだ。いつまでも平行線のまま終りまでいくことがあるが、たがいに気づかない。それが女の会話というものである。

接続詞は、文と文とを結ぶ言葉であるばかりではなく、人と人を繋ぐ言葉でもあるのだ。あるいは人（女）と人（女）とが、どの程度近いか計れるのが言葉なのである。

男同士はどうなのだろう。

地名の歴史

「南東北あったかグルメ」というようなポスターを見た。〝南なの東なの北なの？　どうして西がないのかな〟などと思いながら、ぼんやりと見ている。

「南、東北」なのだ。東北地方の南部、福島あたりを指す。もちろん、「北東北」もある。あたふたと東西南北をさまよってしまう。

最近、なんとも言えない地名が増えている。たとえば、西東京市など。都が京都にあった時代に、東の都という意味で「東京」という名前が付いたのだろう。それは分かる。その西というのか。東へ二キロ歩き、そこから西へ三キロの松の木の下、というような指示のある宝探しの地図のようでもある。

私の家の近くに「北浦和公園」がある。あるとき、ニュースを聞いていたら、アナウンサーが「北、浦和公園」と言った。〝え？　どこ？〟と思ったら、「北浦和公園」のことだった。北浦和という駅の傍にあるから「北浦和、公園」なのだが、まったく知らない人は「北、浦和公園」と思ってしまったのだろう、なにしろローカルだから。

ちなみに、浦和には、北浦和、南浦和、東浦和、西浦和とすべての方角の駅がある。

さいたま市の区の名前が決まったとき、愕然とした。北区、南区、西区、緑区などと命名されたからだ。たしかにそれぞれ、さいたま市の北のほうにあり、南のほうにあり、西のほうにある。しかし、なんと意味のない地名か。

一方、与野市は中央区となった。驚いたことに、全国には四国中央市とか、あろうことか、山梨県には中央市というのがあるそうだ。

北海道札幌市では東何条、などと言う。明治になって新しい地名を付けようとしたとき、どうして東西南北ですませてしまうのだろう。北海道に関してはそれまでの歴史、つまりアイヌの歴史を消すことに理由はあるだろうと思う。

ほんとの理由

このところ、東京周辺では毎日のように、どこかで電車が止まっているか、遅れている。なにか事故があったということだろうが、たいていの場合、なにがあったのか、よく分からない。説明がない。

車内放送では「車両点検のため」などと言う。〝車両の点検なら、車庫でしてから運転しろ〟と、いつも思う。結局、なにかがあって点検しなければならない状態になったということだ。ブレーキの故障だとか、ドアの故障だとか、なにかの故障があったのに、そのことは言わず、点検のために止まっていると言う。

電車の遅れる理由について、線路内に人が入ったためというのもある。これは、もしかしたら入った理由について公にしないほうがいいかという、その人への配慮もあるのかもしれないのだが、なんで立ち入ったのかというのがほんとの理由だ。

「認知症」という言葉もある。認知できるのか、できないのかは言っていない。おそらく、認知に関してなんらかのトラブルがあるということなのだろうが、トラブルのほうは隠す。「不認知症」ならよく分かる。

「自閉症」という病気もある。なんとなく内にこもって、あまり外と交渉をしたくないという、強度な内気かと思うと、まったく違う。

むろん、はっきり言うことにためらいのある言葉もいくらでもあるが、「隠す」ということでなかったことにするのはなにか釈然としない。

電車の場合など、曖昧にすることで、責任の所在を曖昧にしようという意図が感じられるのだ。どうしてこの混雑時に車両点検しなければならない事態に立ち入ったかを説明してほしい。そう思いつつ、ぎゅうぎゅうの車内でじっと耐えている、今日このごろである。

「さ」入れ言葉

ひところ、「ら抜き言葉」というのが流行った。流行ったというより、「ら抜き言葉」は正しいか否かかがかまびすしかったということかもしれない。

いまでは、市民権を得たというのか、まちがいだと言ったところで、「みんなで渡れば怖くない」式の論理で、さほど問題にされなくなってきている。いちおう反対だった私、まちがいだと言っていた私も、ふと気が付いたら、「これ、食べれる？」なんて言っていることがあって、我ながら、ぞくっとしてしまうのだが、流れに呑み込まれていくふがいなさを感じつつも、しかたがないと、我とわが身を赦している情けなさ。

　最近、私が気にしているのは、「さ入れ言葉」である。「抜き」もあれば、「加える」「入れる」言葉もある。

「これにて終らさせていただきます」「では、行かさせていただきます」というたぐいである。「終らせて」「行かせて」でいいわけで、「さ」は必要ない。

　どうやら、これも敬語と関係があるように思う。「なになにさせていただく」という謙譲語を使いたいと思うとき、丁寧に、そして強めて、「終らさせて」となってしまう。仮に「あいつのおしゃべりを終らせろ」などと言うときは、「おしゃべりを終らさせろ」とは言わないのではないだろうか。乱暴に言うときは短くなるものだ。

　丁寧に丁寧に、失礼のないように、無礼にならないように、と気を使うとき、言葉を重ねていく。丁寧に丁寧に重ねていくことで、慇懃に慇懃に、それがときには慇懃無礼と聞えることがある。

　こういう文章を書いたりして気にしていると、逆に自分も言ってしまうことがある。駄目だ駄目だと思っていると、やってしまう。それがこわい。

「意見をする」弟子

二〇一〇年五月十六日、加藤克巳先生が亡くなった。九十四歳だった。加藤先生の主宰していた「個性」に私が入ったのが昭和四十九年、三十六年前のことである。思い返してみるといろいろなことがあったが、結局、退会するというようなこともなく、続けてこられたことには、なんとも言えない感慨がある。三十年以上在籍していたという会員も少なくなってしまった。

「個性」は終刊になってしまったが、古くからの弟子ということもあって、新聞などに追悼文を書いたり、取材を受けたりした。大きな業績を残した歌人だから当然ではあるが、新聞各紙に載ったのである。そのなかで、取材を受けた新聞の一つを読んで、びっくりした。私が先生に対して「厳しく意見することもあったが」と書いてあった。腰が抜けるほど驚いた。

私の考えている意見を言うことはあったが、「意見をする」というようなことは断じてない。「意見を言う」は、自分の考えを述べること。「意見をする」は、諭すとか、叱るとか、忠告するとかいった意味だろう。たいていは、親が子供に意見するというような場合に使われる。

子供が親に、弟子が先生に「意見をする」ということがあるだろうか。

「意見を言う」「意見をする」、なにやら似てはいるが、非なるものであることは言うまでもない。『広辞苑』などの辞書には言葉の意味は載っているが、使い方は載っていない。微妙な言い回しである。

ん？

浦和駅からバスに乗って家に帰る途中に、「んぐう堂」という古本屋がある。おかしな店で、夜中しかやっていない。終バスに近いころ、バスの窓から見ると煌々と明りがついているのに、昼間歩いて前を通っても閉まっているばかり。

そんなわけで、店主に逢ったこともないし、どんな本を売っているのか、ウインドーから垣間見る程度にしか分からない。でも、気になってしかたがない店なのである。

その理由は「んぐう堂」という店名である。普通、日本語には「ん」から始まる言葉はない。ちなみに『広辞苑』で「ん」を引いて見ると、助動詞「む」へ矢印が付いていたり、「打消し「ぬ」の転」などと書いてある。他に「ンジャメナ」というアフリカの国の首都だと出ていて、「ウンナジャメナ」へ矢印がしてある。

つまり、「ん」は「ウン」であったり、「む」であったり、「ぬ」が変ったもので、やっぱり「ん」は日本語にはないと言ってもいいのだ。

と言ったって、〝あるじゃないの〟と言ってもみたくなる。ときどき、「言わむ」と「言わん」、どういうとき「む」で、どういうとき「ん」ですかと聞かれて困ることがあった。で、「新潮新書」、山口謡司氏の『ん』という本を読んで、なるほどと思った。内容を言ってしまうと、この本が売れなくなると困るので伏せておくが、音韻の変化も外国語（中国語）の影響が大きい、多くは経典からの。

かつては、「ん」は下品なものとして、あえて書かなかったという時代があったらしい。たとえば、「ふどし」とか。しかし、「ん」は、すこし曖昧な日本語のリズムを作るのに一役買っているという。清濁の間を繋ぐもの、という。そのあたり、私は分からないが、「ん」はとても便利な言葉のように思える。

足元にご用心

ずっと昔、「デバート」とか、「きっちゃてん」とか言う人がいて、陰で笑ったりしていたものである。しかし、考えとみると、私もけっこう、これに近いまちがいをしているのに気づくのだ。「ハンドバック」は「handbag」だから、「ハンドバッグ」と濁らなければいけない。「ベッド」なども、うっかり「ベット」と言ってしまう。こんなことが、ざらだ。

特に外国語に関しては曖昧なまま、意味さえも曖昧なまま使ってしまうことが多い。新しい言葉のときは気を付けて、調べて使おうと心がけてはいるのだが、知らず知らずに耳に残っているような言葉は、分かったような気がしてしまう。

漢字の場合も、読み方をまちがえていたというようなことはしばしば。恥ずかしながら、「扇子と団扇」、「草鞋と草履」の前で、いまでもちょっと立ち止まることがある。前前首相を笑うことはできない。「放擲」をずっと長い間、「ほうちゃく」と読んでいた。本を読むとき、声に出して読むことはまれなので、不都合はなかったのだが。

逆にまちがいと思っていたことが、じつはけしてまちがいではないということもある。先の、「きっちゃてん」。喫茶は「きっちゃ」と読んでもまちがいではない。知ったかぶっていると、知識の底が割れて、かえって恥をかく。

先日、「和物」とあって、「わもの」ってなんだろうと思っていたら、「あえもの」だった。「和え物」と送り仮名が欲しかった。昔は送り仮名が最小限だったので、こう書いてあったのだ。

まちがいは、案外やさしい字で起こる。やさしいからと侮ってしまうからだ。それに、ちょっと曖昧だなと思っても、いまさら聞けないということもある。明るい道でも、足元にご用心。

腰を抜かす

前に書いた微妙な言い回しの第二弾である。

「腰を抜かす」「腰が抜ける」「腰抜け」。

「腰を抜かす」「腰が抜ける」は、驚いて立ち上がる力がなくなる。または激しい打撃を受けて気力がなくなる、と出ている。どちらも同じ意味らしい。しかし、なんとなく、ニュアンスとしては、「抜かす」は驚くほうで、「抜ける」はがっくりくるような感じがする。

むろん、文脈のなかで使われるから、どういう意味かの判断は読者にまかされることになる。「腰抜け」のほうは、「腰抜けになる」などと使えば、「腰が抜ける」と同じような意味になるだろうが、単独で使うと、「意気地がない」という意味である。

身体の一部を使って、このように表すものは他にもたくさんある。身体感覚として読者が実感できるということもあるかもしれない。

私はほんとうに「腰が抜けた」と感じたことがあった。四十年くらい前、越前岬に行ったとき、列車が遅れて、夜遅く駅に着き、当然バスもないので、タクシーで岬の先端の宿に向かった。山を越えて行くので、まったく明りがない。真っ暗な山道を走るのがひどく怖かった。いまほど、ぶっそうな時代ではないが、運転手と二人だけというのも（運転手には悪いけど）、怖い。宿に着いたとき、しばらく立つことができなかった。

「脚が立たない」のではなく、「腰が立たない」のである。「腰が抜ける」とは、こういうことを言うのか、と思ったしだい。

文脈の道路標識

どこだったか、もう忘れてしまったが、どこか外国で観光バスが事故を起こした、というニュースが放送された。知っている地方でもないし、知り合いが旅行に行っているわけでもないので、なんとなく聞き流していた。アナウンサーが「乗客全員が無事でした」と言って、めでたし、みたいな雰囲気で終った。

けど、けど、私にはなんとなくざらつきが舌に残った。

「乗客が」とくれば、「怪我をしました」と続くかと思ってしまう。「無事でした」ならば、「乗客は」にならなければならない。

先日来、テレビを賑わしている事件がある。俳優の某が、一緒に合成麻薬を吸った女性を置き去りにした事件。合成麻薬を吸ったのは事実だが、放置していない、手当てをした、しかもそれによって死に至らしめたのではない、という被告の主張があって、有罪か無罪かと、かまびすしいことだった。

私もミーハーだから、ワイドショーを見ていた。判決文というのは、大きく二つのパターンがある。無罪の場合は「被告は無罪」、有罪の場合は「被告を懲役何年に処す」と言う。そのあとに、なぜならばという理由が付くらしい。

つまり、「被告は」か、「被告を」かで、少なくとも有罪か無罪かは分かるというのだ。なるほど、なるほど。一刻も早く伝えなければならないメディアは、その時点でマイクの前に走ることになる。

「被告は」「被告を」、あるいは「乗客は」「乗客が」、助詞の違い。クイズ番組などで、問題を最後まで聞かずに予測して解答することがある。どこまで聞けば、あとの予測が立てられるか。文章には、助詞のところで予測が立てられることがしばしばある。助詞は文脈の道路標識の役目もある。

3

新鮮ニュースのお届け

某テレビ局の夕方のニュースのなかのあるコーナー。「届けたて」という。

初めに聞いたときから、なんとなく耳に障る言葉だった。「届きたて」なら分かる。いま届いたばかりの新鮮なニュースということになるだろう。「たて」は、『広辞苑』によると(『広辞苑』が絶対ではないのは承知だが)、「動詞の連用形に添えて、その動作が終って間のないさまを表す」と書いてある。

「動作が終って間がない」ということであれば、届けて間がないということになり、少なくとも動作、つまり、「届け」がすんだということになってしまう。

新しいネーミングをするということは、番組の命のようなものだから、思い切ったもの、斬新なもの、親しみやすいもの、さまざまな観点から選ばれているのだろうと思うが、たぶん凝りすぎたのだと思う。

ひところ、「ら抜き」という言葉が流行って、流行ったからこそ、賛否取りざたされたものだった。そんな最中でも、本職のアナウンサーが「ら抜き」を使っていた。たぶん、本職でさえ使うのだから、ということで、市民権を得るようになったのではないだろうか。

ずっと昔、城山三郎の『雄気堂々』という小説が出たとき、この言葉に驚いた覚えがある。「雄気」は雄々しい気質ということで、「堂々」と繋がるのはなるほどと納得したものだ。しかし、「雄気」という言葉は「勇気」ほど馴染みがない。したがって、「勇気堂々」と思ってしまったのだ。さらに、「堂々」の前に来る言葉は、「威風堂々」とか、「正々堂々」という四字熟語があるので、どうしてもそちらに引っぱられてしまうのだ。

「雄気堂々」は造語ということもないだろうが、非常に新鮮な取り合わせだったという思いがあった。新鮮な言葉の使い方は誰もが願うことで、おおいに結構なことだとは思いながらも、「届けたて」は気になっている。

時価って？

「時価」っていくら？　という話題で、ひとしきり賑わったことがあった。当然のことながら、こういうときは女性のグループの話題である。

たとえば鮨屋に入って、カウンターに坐る。カウンターに座るのは通《つう》にちがいないと思われやしないかと心配なのである。「通」は当然のことながら舌が肥えているので、値段にかかわりなく良いものを求める（と思われるから）。

まあ、めったに（まったく）カウンターに坐るなんていうことはないけれど、さらに怖いのは、「時価」である。「大とろ　時価」「うに　時価」なんて書いてあったら、絶対に頼めない。「時価」の前で怯えてしまう。

「時価」には、とりたてて高いという意味はない。たぶん『広辞苑』には、そのときどきの値段とかなんとか書いてあるだろう。そんな額面どおり理解して、「今日の大トロはいくらですか」なんて聞く人はいない。「時価」を食べる人は値段に糸目を付けない人なのである。

言葉には本来の意味とは違う、なんとも言えないニュアンスがある。慣例とか、常識とか、前例とか、どこにも系統だったルールのない「意味」がある。というより、そのほうが言葉のほんとうの意味なのである。

生きていると、なんて大上段に言うほどのこともないけれど、生活しているということは、むしろこうした「意味」に埋もれている。言葉は生き物で、ときによると微妙に変る。「情けは人の為ならず」という諺だって、昔とは違う意味である。情けをかけなければ気の毒という人が、昔に比べてずっと減っている。それなら無闇にかけるのは良くないということになっても、しかたがないかもしれない。

歌は世につれ、ではなく、言葉は世につれ、なのである。

雨上がり

動詞の名詞化した言葉が、歌のなかで使われるとき、ちょっとまごつくことがある。たとえば、「雨上がり」とか、「落葉掃き」とかである。

名詞でも動詞でも、意味は同じだから、とりたてて迷うことはないように思うけれど、なんったって、短歌はリズムや句切りが肝心なだけに、滑らかに下に続くのか切れるのかというのは、けっこう問題になるわけである。

たとえば、名詞で「雨上がり」と初句で切れるのか、あるいは動詞で「雨、あがり」と言うか。つまり、二句目に繋がるのか、初句切れなのかが問題になることがあるのだ。短歌はあまり句ごとに切れていてはだめだと言われることが多いし、まして三句に来ていると、真っ二つに切れてしまうこともある。

とはいえ、たぶん動詞が昇格（?）したのだろうから、一種の慣用句のような働きをしているのだ。

ちなみに、『広辞苑』には、「雨上がり」という名詞はあるが、「落葉掃き」という名詞はない。「落葉焚き」はある。しかし、辞書にはなくても、「落ち葉掃きに行ってきた」などと使うことはある。

また、逆のこともある。「よこなぐりの雨」などと言うとき、「よこなぐり」という名詞はあるが、「よこなぐる」という動詞はない。少なくとも、『広辞苑』ほか、いくつかの辞書にはない。でも、「落葉掃き」は名詞としては辞書にはないが、使っている。

「よこなぐる」も辞書にはないが、使うか、私には微妙である。使っている例を見たことはあるが、私自身は使わないだろう。

辞書にはないが使う。辞書にないから使わない。どっちもありだろう。辞書になくたってかまわないとは思う。思うけれど、使うには覚悟がいる。

やる

最近の建築は薄っぺらで、壁といっても、なにかボードのようなものに、壁紙というのか、クロスを貼ったものだ。そんななかで、ばっちり昔どおりの土壁の家を建てる方がいらっしゃる（卑屈な私は、つい、こういうお金持に対して敬語を使ってしまう）。

しかし、ほんとうに敬語を使いたいのは壁屋さん、左官屋さんにである。左官といえば、昔は職人だったが、いまでは芸術家。ある日、テレビで芸術論を戦わせていた。そこで彼らは、「俺は土をやるから」「土をやっていると」などと言う。「土をやる」ってどういうことなのか。しかし、考えてみると、私も「短歌をやってます」って言ってるかも。

『広辞苑』に例として出ている「勉強をやる」とか、「やるだけのことはやった」というのとは、まったく違うと思う。これは、「する」と入れ替えることができる。

「やる」という語は、「関わる」「携わる」という意味なのである。もしかしたら、もっと深い意味かもしれない。「壁を塗る」は単なる行為、もしくは動作。「土をやる」は土の芸術家とも言える。芸術家といっても、もちろん彫刻家とは違う。あくまで建築のなかの壁の部分である。

「短歌をやる」「俳句をやる」「川柳をやる」「水彩画をやってます」「声楽やってます」などとは言うだろう。「小説をやってます」とはあまり言わない。たぶん、「小説を書いてます」と言うか。短歌も俳句も言葉を使うからといって、「言葉をやってます」とは言わない。

「やる」は、便利な言葉である。と同時に、曖昧な言葉でもある。私たちはそんなことにはおかまいなく、「言葉をやっている」のである。

すみません

あるところで、ある人のミスで、大変な影響を受けてしまった。所定の日程に間に合わなかった、というだけのことなのだが、たったそれだけでも、そのあとの対処が大変なのである。そんなわけで、カッとなって、すぐ受話器を取った。断っておくが、私としては、そんなことは十二年に一度くらいのことなのである。

相手は軽く「すみません」と言う。その影響はこれだけあるのだよと言っても、「どうもすみません」と、「どうも」が付いただけ。そこで、その処理のためにこれこれをしてくれ、と言ったら、やっと「はい」と言ったが、結局、いちおう言われたことはしました、という程度のことをしてくれて、終った、ことになった。

「すみません」は、当然「済みません」だから、「済まない」のである。簡単に済まないことをしでかしてしまって「済みません」という、ほんとうは自分への内省の意味があるのだと思う。「済む」は「澄む」から来ていて、仕事も終って澄んだ、という意味で、「仕事が済んだ」と言う。「それじゃ、私の気がすまないから」って言うのも、気持が澄まないということだと、語源辞典に出ていた。謝罪も「申し訳なくて気が澄まない」ということだという。つまり、自分の「気が澄まない」のである。

前述の人は、初めから「気は澄んで」いるみたいだった。どこにも、濁ったという意識がない。こっちは「気が澄まない」が、向こうは「澄んだ」ということで、ちっとも謝罪にならない。

これは差別になるかもしれないけど、おうおうにして、こうして「済まない」ことを「澄んだ」ことにしているのはお役人に多い。あくまで偏見だが。

すみませんと言いて済ませる公務員　〔池　謝謝《しゃーしゃー》〕

私流「語感の辞典」

最近は（だいたい、こういう出だしになると、年寄りくさい話になる）外来語が多くて、なかなか理解できないことが多い。

言葉には、意味と同じようにニュアンスとか、雰囲気を含むことがある、というか、なんとなく使っている言葉もある。

『語感の辞典』という本があって、売れている。これなどは、本来の意味というより、こんなふうに使われているよ、という辞典で、なるほどと思いつつ読んだが、私の思っているのともちょっと違うので、私流の「語感の辞典」を作ってみた。

ゴージャス＝けばけばしい華美（過剰美）。レプリカ＝公然たる偽物。パティシエ＝フランスにちょっと行ってきた菓子屋。リゾット＝イタリア風おじや。オーソリティ＝その道に一癖ある人。カフェ＝洒落たつもりの喫茶店。カフェー＝昭和初期のメイドカフェ。

グレード＝金銭に換算した価値。クッキー＝高級ビスケット、またはネットの悪戯者。レトルト＝手抜き。ロートル＝いよいよ近い。ロフト＝ちょっとでも広く使いたい部屋。ワンタッチ＝猿でもできる。カルテル＝通常「闇」の冠詞を伴う。パンツ＝かつては下に穿いていたが、いまは外側に穿く。アバウト＝いいかげん。

インスピレーション＝根拠のない思いつき。イメージ＝自分だけ分かっている。リストラ＝一方的かつ不当な馘首《かくしゅ》。カリスマ＝自己申告制で誰でもなれる。コーデュロイ＝コール天のこと。コール天がズボンに用いられるのに対して、コーデュロイはパンツに用いられる。

こんなことを書き連ねていると、いくらでも出てきてしまう。これ以上披露すると、語学力の貧困さが露呈してしまうので、このくらいにしておきたい。外国語とも言えないような言葉もある。なんとなく使ってしまう言葉、曖昧なまま使ってしまう言葉のなんと多いことか。

変換ミス

かつては、といっても、ほんの二十年くらい前からだが、原稿が手書きからワープロないしパソコンに替わった。初めのころのワープロはとても面白かった。ローマ字を漢字かな混じり文に変換すると、とんでもない字が出たものだった。

「saitoumokiti」と入力すると、「犀とう茂基地」とかになって、〝ははーん、プログラマーが斎藤茂吉を知らないのだな、無知な奴め〟とか思いながら、漢字登録したものだった。しかし、最近は地名なんかでも、けっこう正しく出てくる。

それでも、変換ミスはさまざまあるらしい。最近、どこかで見たのだが、ちょっと挙げてみる。

「猿人とラブる」「禿げ増し手遅れ」「蛙とチュウ」「怪盗アンデス」「取り急ぎリスと豹を送る」というものだが、お分かりだろうか。

あまりのおかしさについつい笑ってしまって、周りの人に変な目で見られてしまった。

正しくは『エンジントラブル」「励ましておくれ」「帰る途中」「回答案です」「取り急ぎリスト表を送る」だった。

日本語は同音異句が多い上に、助詞がくっついてくるので、さらにややこしくなってしまうらしい。こういうまちがいがあるということは、逆に言えば言葉遊びができるということでもある。

子供のころ、「手袋って、逆に言ってごらん」と言われて、「ろくぶて」と言うと、六回ぶたれた。「六ぶて」だから。鬼ごっこのとき、十数えるのに、「だるまさんがころんだ」などと言った。「一二三……」ではなかった。数え歌も言葉遊びだ。

言葉遊びは楽しい。駄洒落は外国語にもあるのだろうか。機知のある国なら当然あるだろうが、言語の成り立ちからいくと、日本語はもしかしたらユーモアに富んだ言語ということになるのかもしれない。

ちょうどその時

「盲亀浮木《もうきふぼく》」という言葉がある。目の見えない亀が、ふと水面に首を出した。すると、浮いていた木にぶつかった、というより、木に空いていた孔に頭がすっぽり入ってしまったということ。つまり、ほとんど有り得ないことの喩えである。

三月の東北地方を襲った地震と津波。千年に一度と言われている。そうした災害にあうことも、あるいは「ほとんど有り得ない」ことだったかもしれない。「ほとんど」有り得ないということは、ほんのちょっとだけど有り得るということでもある、ということが分かった。

津波に襲われ、助かった人たちの話をテレビなどで聞くと、有り得ないようなことが有り得た人たちだった。津波に流されているとき、雨樋に引っかかった。それに摑まると、その下にエアコンの室外機があり、その上に乗ることができた。すると、顔が水面に出た、というのだ。これこそ、「盲亀浮木」ではないかと思った。

「盲亀浮木」は、有り得ないことではなく、「万に一つは有り得ること」という意味でもある。私は推理小説が好きだが、「そこに、ちょうどその時、目撃者が」というのと、「実は双子だった」という筋書きを信じないことにしている。それをするとなんでも成り立ってしまうからだが、しかし今度の大災害には、「ちょうどその時」ということがさまざまな場面であったようだ。助かった多くの人が、万に一つの幸運を摑んだ人だったのだ。

そうしてみると、「ちょうどその時」というのもあながち有り得ないことでもないし、もしかしたら私たちの人生（なんて大げさな）も、「ちょうどその時」の積み重ねなのかもしれない。「ちょうどその時」いい歌ができたりしたらいいのになあ、って、神頼みか！

スイーツ

お惣菜を買おうと、あるデパ地下に行ったら、ずっとずーっと奥のほうに売り場があって、そこまでずっとずーっとスイーツの売り場が続いていた。昔は、お菓子とか、ケーキとか言ったが、いまは、全部ひっくるめてスイーツと言うらしい。

「甘い」は『うまい』とも読むらしく、「旨い物＝甘いもの」である。たしかに「甘くておいしー！」とは言うが、「辛くておいしー！」とは言わない。「辛いけど、おいしい」という具合に、「けど」なのである。

昔（このごろ、しばしば使う言葉）、エンゲル係数というのがあった。エンゲルさんというドイツの経済学者が提唱した学説で、家庭の支出のなかで食費の占める割合。高いほど、生活程度は低いということになる。

それと同じように、食費のなかでスイーツの占める割合を〈ナナモ係数〉というのをご存じだろうか、いま私が提唱したのだが。こちらは、高いほど生活水準が高い。日本の平均はデパ地下の食料品売り場でのスイーツ売り場の占める比率である。

私の家はかなり低い。ほとんどゼロ。生活水準が低いから、米と野菜を買うだけで精一杯。甘いものの入る胃袋（つまり、別腹）が小さい。

スイーツが幅を利かせるというのは日本が豊かになったことで悦ばしいことではあるが、スーパーで籠一杯にスナック菓子の袋を積み上げている人を見て、これは水準が高いと言えるのだろうかと思ったりした。

「菓子」という言葉の束縛から離れて「スイーツ」になったとたんに、和菓子とも、洋菓子ともつかぬスイーツが開発されて、ほんとうに種類が多くなった。言葉が実態を縛るということもあるのだ。セーターがカットソーと呼ばれ、ズボンがパンツに変ったように、実態が変っていないのに言葉が変るものもあるが。

車間距離・人間距離

外出から帰るとき、駅からバスを利用する。本数はけっこう多いのだが、乗る人も多いので、かならず列ができる。その列、このごろ、なんとなく雰囲気が違う。なんとも言えないのだが、なんとなくきちんと詰めて並ばない。車間距離ではないが、もし人間《じんかん》距離という言葉があるとすれば、その人間距離が長いというか、広いのだ。

人と人との間がやたらに広い。並んでいるのか、あるいは列についているわけではないのか、判断ができない。うっかり間に入ろうものなら、ぎょろりと睨まれてしまう。

下々《しもじも》の人間《じんかん》距離は小さい。高貴なお方は広い。つまり、生活の豊かさと他者との距離・広さは比例する、と私は思う。たとえばアメリカの家と家の間はかなり広い。広い土地にゆったりと家が建っている。日本は兎小屋である。

高貴なお方には、あまり近づいては失礼だ。おそらく、あちらが危険を感じて引いてしまうだろう。

やはり、日本は豊かになったのだ。だから、若い人たちはあまり並ばない。かつて、と言うか、戦後、日本人はよく並んだ。なんの行列か分からなくても、とりあえず並ぶという習慣があった。もちろん、間に入られたら嫌だから、人間距離はきわめて近い。そんなせせこましい時代が過ぎたのだとつくづく思う。ゆったりとした生活ができるようになったのだ。

と、思いつつテレビを見ていたら、お盆の帰省ラッシュ。「高速道路」と言うのに、低速で走っていた。周りをめぐらせば隣と軒を連ねている家々、お隣に桜の枝が張り出していないか心配しながら暮らしている私。

車間距離。家間距離。人間距離。

ほんとはいちばん近くにいて欲しい人間距離が遠いのは、どういうことなのだろう。

脳トレ・筋トレ・腸トレ・金トレ・人トレ

高齢者がいちばんおそれているのが、ぼけ。ほんとうはぼけてしまったほうが楽なのだが、そこまで行くのがただごとではない。それなら、むしろ予防したほうがいいかというので、脳トレが大流行。さらに、年をとって必要なのはお金と筋肉という。お金が必要なのは当然だが、筋肉がなければ日常生活に支障が起こるという。

こういうとき頼りになるのは家族、と言いたいのだけど、実際には近くにいなかったり、案外頼りにならないというのだ。

脳トレ、筋トレ。なるほど、脳もトレーニングすれば衰えが抑えられるという。筋肉も、年をとってからでもトレーニングをすれば復活するという。

何事もトレーニングが必要というものだ。

もう一つ、腸トレというものがある、らしい。あんまり流行ってはいないが。つまり、大腸がんなどの予防には町内の、いや腸内環境が大事というわけ。腸のなかのなんとか菌（ヨーグルトに含まれるビフィズス菌のような）が、しっかりと腸を守ってくれるような努力が必要というわけ。これはトレーニングといってもジムに行く必要はなく、主として食べ物を考える。

血管マッサージというものもある。血管をきつく擦《こす》ることによって丈夫になる、つまり若返るという。

なんにでもトレーニングというものがある。そうかもしれない。トレーニングすれば、なにかしらのアップにはなるだろう。

それなら、金トレがあってもいいか。お金を上手く貯める、使うトレーニング。また、人《じん》トレ、人間関係を鍛える人間トレーニングなんていうものがあってもいいのじゃないの、などと思っている。

生《なま》

最近は健康志向というのだろうか、生野菜たっぷりのサラダが売り物というランチが流行っているらしい。らしい、というだけで、行ったわけではないのだが。

生野菜も美味しいし、魚の生、つまり刺身も美味しい。こっちのほうはおいしくていいのだが、ちょっと違う使い方の「なま」もある。

「空穂会」というのがある。窪田空穂について語る会だが、空穂系でも、すでに空穂ご本人に会ったことがないという人が増えている。私ももちろん、窪田空穂と会ったことはない。その会で、「生空穂《なま》に会ったことがない」などと言って、笑い合ったりした。存命中には会ったことがないというわけだ。妙な言い方だから、笑い合うのである。

このごろ「生足《なまあし》」と言う。かつては「素足」と言ったものだが。こういうとき、私も年をとったなあと感じる。「生足」は頂けないのである。

先日、テレビで子供のアニメ番組を見ていて、思わず吹き出してしまったことがある。主人公がちょっと失敗したのを、こましゃくれた女の子が、温かい目で見てあげましょう、という場面。「生温かい目で見てあげましょーよー」と言ったのだ。これは傑作だと思った。

「生温かい」を辞書で引くと、すこし温かい、と出ているが、私の感覚では気持の悪い温かさだと思うのだ。たとえば、「生臭い」に近い。魚とか、生ものの匂いというだけでもない。臭さの強調の役目も果たしている。

生野菜のときの「生」と、生臭いとか、生温かいの「生」は天と地ほど違う。生意気とか、生半可とか、死んでいるのに生首とか、むしろよくないほうに使うことが多い。

ま、いいか、生温かい目で見守ろう。

4

一字違い

「一字違いで大違いねえ」と仲間の坂原さんが言う。「熾」の編集日のことである。「何?」と聞いたら、「いたわる」と「いたぶる」だと言う。

なるほど、違う、というより、正反対だ。漢字で書けば、「労わる」と「甚振る」で、まちがえることはないのに、平仮名で書くとちょっとの違いなのだ。これじゃ、外国人が日本語を習うのは難しいだろうなあと思う。

普段は、「いたぶる」と「いたわる」が同じ文章で使われることは、あまりないだろう。近くにないと、類似を実感することは少ない。漢字が入ってしまうと、もっと疎遠になる。ところが、平仮名で書くと、ちょっとの違いが見えてくる。

しかし、これほど正反対ではなくても、ちょっとの違いで大違い、という言葉はたくさんある。たとえば、「あらいたて」と「あらいだて」。洗ってすぐ、というのが「洗いたて」。人の行為とか、とくに悪事を暴くのを、「洗いだて」。だいぶ違う。

一般に濁音が付くのはよくないことに使うことが多いが、けしてそうとも限らない。ま、「洗いだてる」というと不正を洗い出すみたいで、暴くというのだから、あまり良いことではないかもしれない。

それなら、「洗い流す」と「洗い直す」もだいぶ違う。「不問に付す」のと、「改めて見直す」というのでは逆になる。これも、平仮名で書くと、「あらいながす」「あらいなおす」。一字違うだけ。

さて、私たちの日常にも、一字違いでまったく違うというような出来事がありはしないか。というより、ちょっとした違いで人と人との関係が食い違って、さらにさらにその違いが大きく落差を作っていく、なんて高尚なことを考えながら、一字違いを眺めていた秋のひとつき、じゃなかった、ひとときだった。

貯金

なんとなくぼんやりテレビを見ていたら、手話の練習をしていた。

手話というのは、どうやら「あいうえお」という文字も表すこともできるが、それではあまりに時間がかかりすぎるので、なんというか、ジェスチャーのように一つの動作で言葉の意味（内容）を表すらしい。だから、仕草を説明されればなんとなく覚えられそうな気がして見ていた（実際には、そんなに簡単ではないが）。

「貯金」という言葉をジェスチャーのような動作で手話をしていた。右手だったか、左手だったか、掌を上に向けて、もう片方の手の親指と人差し指で輪を作る。つまり、これがお金。そして、そのお金をすこしずつ上に上げていく。つまり、お金がすこしずつ貯まっていくことを表す、という説明だった。

なるほどなるほど。しかし、待てよ。たしかに貯金は、金を貯めると書く。銀行に行って預ければ、利子がついて貯まっていく。貯まっていった、いままでは。しかし、これからはどうか。金利が下がって、上がることもなくなるし、ひょっとしたら銀行が潰れるかもしれない。貯まるとは限らないし、ましてや手話のようにどんどん貯まるということが考えられない時代になる、かもしれない。

手話の動作・仕草（ジェスチャー）が、変らないものとして設定されたけれど、今後、変るかもしれないというものもあるだろう。揺るがない大地、大地のようにどっしりと、というように比喩的に使われてきた大地でさえ、動いた。揺れた。私たちは「変らない」ということの貴重さ、ありがたさを感じなければいけないのかもしれない。

掌の上で人差し指と親指で輪を作って、さあ、その輪（お金）をどうするか、掌に隠して「箪笥預金」という手話はどうだろう。

眴せ

友人の家で新年会をするのが、ここ何年かの恒例行事になっている。その家の主婦はなかなか大変だが、料理上手でもあるので、彼女も自慢の手料理を披露できるというわけで、苦ではないらしい。家族ぐるみの人もいて、年齢の近い者ばかりが集まるわけでもないので、どの年齢にも合うように種類も豊富、たくさんの料理が並び、次々に珍しい料理が出てくる。

もうかなりアルコールが回ってきて、みんなしどろもどろになってきたころ、デザートに、冷たい、というか、半分凍った、シャーベットに近いような柿が出てきた。すかさず高齢の酔漢が「さすが、奥さん、メクバセが細かいねえ」と言った。

〝え！　よその旦那にメクバセなんかしちゃっていいの？　ご亭主がいる前で〟と思った。私はすぐに、たぶん「目配り」の間違いだろうと思ったが、他の誰も気が付かなかった。酔っ払っていたせいもあるが。

「目配《めくば》り」と「眴《めくば》せ」。漢字で書くと違うのだが、声に出すと似ている。辞書によっては、「眴せ」を「目配せ」と書いてあるものもある。

「目配り」は「気配り」と同じ意味で、なるほど主婦にとっては大事なことでもある。主婦に対しては誉め言葉である。それに対して、「晌せ」のほうはと言えば、ちょっと色っぽい。むろん、厳粛な会議などでも、「晌せ」で「資料を早く持ってきて配れ」なんてこともあるが、私の辞書（私の主観きわまりない解釈を加えた）には、どうしても色っぽい解釈が付いてしまう。

酔っ払いの言葉だから許してしまうが、場所によっては、「晌せ」なんかしたら、物議をかもすかもしれないので要注意だ。もっとも誰も気が付かなかったのだから、物議にもならないか。

「I」の悲劇

近頃、テレビではグルメ番組が花盛り。おいしそーなお料理を前に、垂涎《すいぜん》の顔が大映しにされたりする。しかし、たいていのコメントは、「旨！」「熱！」「辛！」というもの、あるいは「うーん」と無言。もちろん、タレントの語彙の少なさはこのさい問わないことにしても、異口同音というか、同じコメントしかない。もっとも、そんなに美味しくもない料理を食べさせられているのだから、しかたがないか。

言葉に戻ると、テレビのコメントはだいたいこんなもので、バラエティー番組でも、「早！」「でか！」「寒！」というようなものばかりだ。両方に共通しているのが、すべて「い」抜きのこと。以前にも書いたが、最近、どうも「い」音が軽く扱われているように思う。たとえば、「病院」は「びょういん」ではなく、ちょっと大げさに言えば「びょうぇん」に近い発音になっていることだ。

そうは言っても、どんな「い」でも、この現象が起こるかといえば、まだよく分からないが、どうも形容詞の場合が多いようだ。したがって、形容詞だけのとき、「旨え」とはならず、「旨」と省略してしまうのか。その代わりに入ってくるのが「!」。記号が入ることで、言葉の意味内容がちょっと変ってきてしまわないか。豊かな言葉が失われかねない、かも。

たぶん、たぶん何年か経ったら(といっても、震災の起きる確立よりは少ないかもしれない、もうちょっと長いスパンで。言葉というのは時間をかけて変るものだと思うから)、「い」という母音はなくなる、と思う。

ずっとずっと昔、母音は八音だった。「ゐ」「ゑ」も、明らかに「い」「え」とは違う発音だったはずで、有り得ないことではない。「I」は殺される運命にある、悲劇だ。

御御御付け

「御御御付け」。いくらなんでも、こんなに敬語を使わなくたっていいじゃないか。そりゃあ、

「おみおつけ」は美味しいけど。

最上級の敬語を付けられた味噌汁ってなんだろう、と思う。

味噌は、がん予防、胃潰瘍防止、老化防止、消化促進、疲労回復に効く、というばかりではなく、なんと、いま問題の放射性物質を体内から排出する働きもあるという。近頃、子供たちが洋食ばかりで、毎朝味噌汁を飲むという習慣がなくなってしまったが、いまこそ子供たちに味噌汁を飲ませるべきかも。

チェルノブイリ事故のとき、大量の味噌の注文が入ったらしい。そんなこと、ちっとも知らなかった。いっとき、ヨウ素が効くとかで、ヨードチンキが売れたなんていう話もあるが、味噌のほうがずっと有効だったのだ。もっとも、放射性物質には味噌だけじゃなく、発酵食品がいいということだ。

なるほどなるほど、こんなに効用があったからこそ、「御御御付け」なんて、三つも御が付けられているのだろうか。変な言葉だと思っていたけれど、もしかしたら、こういう有効な食物に対する敬意のようなものがあったのかもしれない。日本人は食育の精神があったから、言葉に表して敬意を表現したのか。

他にも、過剰敬語のような言葉がある。「御御足」「御御籤《くじ》」などなど。「御御籤」は「御神籤」とも書くから、「お神輿」も「御御輿」と書くこともあるらしい。

神のことだから御を重ねるのも分かるが、「御御足」はなぜだろう。「おみあし」は自分には付けないから、「御御御付け」とは違う敬語だろうが、馬鹿丁寧だ。

いろんな本を読んだり、人の話を聞いてみると、日本の昔からの食事は、日本人の体質に合っているというのがよく分かる。四季のある日本では、季節に合った食べ物が自然界に用意されていたのだ。お金をかけて、電気を使って、季節感のないものを食べるようになった。それが病気を引き起こしているのかもしれない。

ンー!

二月十四日はバレンタインデー。バレンタインさんという人がいて、殉教したかなんかの記念日だそうだが、なんで日本人がお祭りするのか分からない。それに、なんでチョコレートを贈るのか。なんで女の子が男性にあげるのか、この日は女の子から告《こく》っていいというけど、一年中いつだっていいだろうと思う。さらに義理チョコなんていうのが、なぜできたのか、ちーとも分からないが、なんとなくチョコレートを買う日。

駅中《えきなか》の、ガラス張りのカフェでお茶してたら、通路の向こうの看板が目に入った。なんのことか分からないけど、とにかく面白いので紙ナプキンに控えておいた。

「エコール・フリオロ、ピエール・ルドン、セゾン・セツコ、オリジンーヌ・カカオ」というものである。あるいは書きまちがいがあるかもしれないが。どうやら、チョコレートに関係するらしいが、なんだか分からない。

気になったのは、「オリジンーヌ」というところである。

日本語では「ン」が伸びることはない、いままでは。「オリジーン」とか、「オリジンヌ」とかなら、あるかもしれない。

ちなみに、「ン」から始まる言葉もない。『広辞苑』にいくつか出ている言葉も、音便のようなもので、先頭に来る音ではない。たった一つ、「ンジャメナ」とあったが、アフリカの国の首都の名前らしいが、「ウンジャメナ」と置きかえてあった。「ン」は「ウン」になってしまうのである。「ン」は鼻音なので、かならずしも音ではないからかもしれない。なにかのあとに来ることはあっても、最初に来ることはない。

前記の看板を書いた若者（たぶん若いだろう）は抵抗がなかったのだろうか。これからは増えるかもしれない。「んーじゃ、又!」

お守り

ちょっと時間があったので京都、一条戻り橋の晴明神社に行ってきた。陰陽師で有名だということで、若い女性がいっぱいだった。競って、いろんなグッズを買っている。それを見ていると、私の「自称若心《わかごころ》」がむくむくと湧き上がって、つられて買ってしまった。「みずかがみ御守」というもの。

はたして御守がほんとうに身を守ってくれるのか、などと疑問を持ってはいけない。なにかしてくれると思ってはいけない。御守を持っていれば恋愛がかなうとか思ってはいけない、たぶん。

このごろは「お守り」と書くのが普通で、「御守」はすこし堅いなあという印象。そういえば、「守る」は、もちろん「まもる」と読むが、「もる」とも読む。「もる」は文語なのだろうか。しかし、「子守」「木守」などでは「こ・もり」である。「こまもり」とは言わない。たぶん、こんなところが、外国人が日本語を学ぶのに苦労するところなのだと思う。

また、「護る」とか、「目守る」などとも書く。もともと、「守る」の語源は「ま（目）もる（守る）」だというから、目で守る、つまり見守るのが本来なのだろう。見守るだけだから、ご利益があると思ってはいけない。

けれども、大人になってみると、あるいは年をとってみると、この「見守る」ということが、どれだけ人に安心感を与えるかを実感するものだ（私だけかな）。

しかし、どうしてヤモリのことを「守宮」と書くのだろう。宮を守っているのはヤモリなのだろうか。すると、神様を守っているのはヤモリということになる？

家にもヤモリがいる。めったには見ないが、隣の奥さんが、見ましたよ、と言っていたので、留守を守ってくれているのだろうと思う。神様ばかり守ってくれているわけでもないらしい。「みずかがみ御守」と競合するかなあ。

ななも、恋に落ちる！

「ななも、恋に落ちる」と言っても、あっそう……と言われるだけか。

なぜ、恋は「落ちる」のだろう。「陥る」ならすこし分かる気がする。落ちたら、なかなか這い上がれない（私の経験からは）のが恋だから。

鬚は「蓄える」と言う。なるほど、だんだん貯まっていくのかとは思うが、あんなもの蓄えたって、ねえ。ちなみに、うちのお祖父さんは蓄えていた、お金は蓄えなかったけど。

四国巡礼の本を見ていたら、巡礼することを「打つ」と言うらしい。部分打ちとか、通し打ちとか言う。

そういえば、最近使わなくなったが、「使う」という言葉もおかしな使い方をする。「弁当を使う」というように。昔は職人さんがそう言っていたような気がする。

口紅は「引く」だった。たぶん色町のほうでは、いまでもこういう言い方をするだろう。でも、一般的には、現在では「塗る」という味気ない言葉に替わってしまった。伝統的な職種などでは、まだ残っているかもしれない。

辞書には、言葉の意味は載っているが、その使い方となるとなかなか調べられない。使い方の辞書というのもあるにはあるが。語彙は豊富なほうがいいとは思うが、どういう使い方をするか、これはほとんど口伝に近い。日常で使うことによって保っていくものだ。物の数え方でも、すべて「一個」ですませてしまう時代になってしまい、なんとも味気ない。人間を「一個」と数えるのを聞いて愕然としたことがあったが。

複雑で覚えにくいというが、さまざまな世代や、いろんな趣味の人、異業種の人と交流のある日常であれば自然に覚えるものだ。それが文化というものだ。

幕開け

七月十七日、突然、梅雨が明けた。多くは、そろそろだね、などと言っているうちに明けるのだが、今年はいきなり、明けた。

いよいよ夏の幕開けである。ん？　幕開き？　どっちだろう。

『明鏡国語辞典』を開く。「幕開き」を引くと、「幕開け」に行け、と矢印がある。で、行ってみると、「①演劇で、幕が開いて演技が始まること。②物事が始まること」と出ている。さらに「※」があって、「幕開き」とも。特に①の意では「幕開き」が普通、と出ている。例としては「時代の幕開け」などと言う。すると、いよいよ夏が始まるというのであれば、「幕開け」でいいのだろうか。

たとえば「極め付き」か、「極め付け」か。同じ辞典には、「極め付き」のほうに、「①刀剣・書画などに鑑定書がついていること。②確かなものとして定評があること」と出ていて、「極め付け」も合わせて載せている、どっちでもいいというように。「極め付け」を引くと、「極め付き」と出ていて、矢印ではないので、これもどちらでもいいという許容範囲としているのだろう。『間違いだらけの日本語』という本には、極書、つまり鑑定書が付いているという意味だから「極め付き」であって、「極め付け」は正しいとは言い難い、と書いてあった。これも微妙で、まちがいです、とは書いていない。

前述の本では、本来はこういう意味だが、最近はこれこれと誤解されている、などと解説されている項目で、私も「最近、誤解されている」とされる意味にとっていることがかなり多かった。恥ずべきと思いつつ、〝あれっ〟と思ったときは辞書を引くべきだと、しみじみ反省したことだった。言葉は時代によって変るよ、って居直ってはいられない。

丁寧すぎ

「お答えをいたします」「お伝えをいたします」

国会中継を見ていたときのこと、こんな言葉が頻繁に出てくる。どこも文法的にまちがってはいないと思うのだが、なんとなく落ちつかない気持になったのだ。「お答えいたします」「お伝えいたします」でいいのではないか。これでも充分丁寧語だと思うのだ。

助詞の「を」を入れると、なんとなく慇懃無礼な感じがする。丁寧なあまり、かえって上から目線のような気になってしまうのは私だけなのだろうか。こんなことを気にしているほうがどうかしているのか、と。

言葉は丁寧なほうがいいに決まっている。誰だって丁寧に話すと教養があるように、感じる。丁寧、というのとはすこし違うかもしれないが、丁寧に言おうとして言葉が多くなるということがあるのではないか。

「これにて閉会にいたします」と言えばいいのに、「閉会とさせていただきます」などと言う。たしかに「……します」と言うより、「させていただきます」のほうが謙譲語ということになって、丁寧だが、しかし、「させてもらう」のではなく、主催者側が自主的に閉会にするのだから、「させていただきます」と言うことはないと思うのだ。

妙に丁寧な言葉が、どこか胡散臭い。詐欺師がかえって丁寧なように。どこか本心を隠すような、後ろめたいところがあるような、そんな印象を持って、総理大臣の答弁を聞いてしまう。

もっとも、言葉が丁寧かどうかと言うまえに、胡散臭さが漂うのが国会答弁なのだろうけど。

口伝しか

八月十五日が近づくと、テレビでも、新聞でも、戦争関連の情報が多くなる。無論、「空襲」の記事なども。

最近、「昭和二十年の空爆で……」という記事を読んで、なんとなく違和感を抱いた。あのときは「空襲」と言っていた。「空襲警報発令！」などと言った（といっても、私は直接聞いたわけではありません、念のため）。私が「空爆」という言葉を聞いたのは湾岸戦争のころだったと思う。

「空爆」を『広辞苑』で引くと、空中爆撃のことで、「空中から航空機によって爆弾を投下すること」とある。ちなみに、「空襲」は、「航空機から機関砲・爆弾・焼夷弾・ミサイルなどで地上目標を襲撃すること」とある。昭和二十年でも、爆弾は投下されたのだから、「空爆」でもまちがいはないのだが。

最近ではあまり使われなくなった「祖国」という言葉。「母国」とは違うのか。「祖国」は、「①祖先以来住んできた国。自分の生まれた国。②国民の分かれ出たもとの国。」。「母国」は「①分かれ出た国から、もとの国をいう称。②自分の生まれた国。祖国。」とある。

似たような解説だが、これも時代の言語ではなかったのだろうか。時代や社会状況に連動するような言葉ではないのか。あるいは国家間のなにか、戦争とか移民とか、そうした状況に関わる言葉ではないのだろうか。

意味を理解しようとするとき、どうしても『広辞苑』などの辞書に頼ってしまうが、辞書では分からない「意味」がたくさんある。私たちは言葉を覚えたり、使ったりするとき、状況から判断して理解していく、辞書に頼るのではなく。生きた言葉は口伝しかないのかもしれない。

微妙！

あるところで目にした言葉「待合い」。なんとなくちょっと色っぽいことを想像してしまって恥ずかしい。考えてみれば、若いころ習っていた茶道では、茶室に入るのを待っている小さな建物を「待合い」と言った。入室の準備をするところである。

他に「待ち合わせること」という意味もあると辞書には書いてあったが、通常は私のような発想になるかと思う。

もう一つ、「寝物語」。どうも色っぽい意味ばかり追っているようで申し訳ないが、これはどう見ても「睦みごと」だと思う。しかし、最近、「孫と寝物語に……」という歌を読んでは、ちょっと驚いた。小さな孫に、寝ながらというか、寝かせるために何かお話をしてあげているという場面なのだろうと思う。

寝ながら話しているのだから「寝物語」でもいいじゃないか、とは思うけど、そうもいかないのが言葉というものだ。

「白骨」という言葉もまちがえて使いがちだ。「はっこつ」は「風雨にさらされて白くなった骨」。つまりは、あまり幸せな骨ではない状態のことを言う。身内のお骨上げをするのに、「白骨を拾う」という言い方はしない。

読み方が違えば、意味も違う。「しらほね」と言えば、漆などを塗っていない、「白木のままの鞍や扇の骨」。

以上は、意味が微妙に違うという例だが、明らかに違う「初七日」と「お七夜」。まったく違うのにまちがえることがある。特に、若い人にはこういう習慣がなくなっているので、言葉もまちがいやすい。

言葉も使っていないと錆びる。生活習慣のなかでしばしば使っていれば錆びつくことはないのだが、その習慣が薄くなってきているのだ。

三　言葉の機能

初出＝「詞法」（季刊）1994年（平成6年）1月創刊号―2004年（平成16年）41号

1

言葉の機能

言葉を信じ、言葉を使って表現している私たちにとって、「言葉」は使い手を裏切らない道具以上の道具だったはずなのに、それが、非常にしたたかで、そう簡単には思うように働いてくれないという気がしきりにする。こう言えば通じるはず、と思っていたものが通じないばかりか、違った意味に取られる。無論、単に表現が未熟だから、と言ってしまえばそれまでだが、かならずしもそうとばかりとは言えないことも多いのである。

言葉というものは、独立してあるものではなく、他の言葉との関係、どういうときに、誰に向かって、どういう文字で、どういう声で発せられたかによって、意味内容が違ってくる。一つの言葉がいくつもの顔を持っているのである。

いままではこうだったからとか、長い歴史があるから、当然、広く了解されているはずという神話は崩れた。言葉はいま、ダイナミックに動いている。

言葉は、表現の段階から登場してくる武器ではなく、考える、あるいは感じるときから、すでに、言葉で考え、言葉で感じているのである。すると、表現以前の問題としても考えていかなければならない。言葉について考えるということは、むしろ認識のしかたを考えるということにもなる。このへんで振り返って、「言葉の機能」ということをもう一度考えてみよう、というのが、「ことば研究会」の趣旨である。

また、「読み」についても、前述のように、いままでの共通認識にもとづく解釈では理解できない、あるいはその理解の範疇を抜けたところの理解はできないものだろうかと考えた。あくまで言葉の持っている意味、内容、言葉と言葉の接触によるイメージ、そんなものだけを大事にすることによって、新しい作品世界が現れるのではないかという期待もある。

非常に地味なことではあるが、言葉というものはすこしずつでも分かりかけてくると、なかなか面白いものである。

動詞化

動詞が名詞化する、あるいは名詞が動詞化するということはよくある。

たとえば、「凪《なぎ》」は「凪ぐ」というように動詞も名詞もある、というものがあり、「なぎ」は動詞の連体形と同じで、歌のなかに使われると、名詞なのか、動詞の連体形なのか分からないということがある。「土砂くずれ」なんかも、「土砂のくずれ」の「の」が省略されたかたちだったりする。

また、動詞はあるが名詞はない、名詞はあるが動詞はない、という言葉もある。「虫干し」「心待ち」という言葉はあるが、「虫干す」「心待つ」とは言わない。

「横殴りの雨」「雨がこやみになる」「土砂降りの雨」と言うところを、「雨が横殴る」「雨がこやむ」「雨が土砂降る」とは言わない。なぜ言わないのかと言っても、慣習だから、としか言いようはないと思うが、これも多くの人が使うようになれば、それが通るようになることもありうる。

これはルールだからしかたがないが、とりたてて間違いというほどではないのに気になる言葉がある。たとえば「抜歯」。これは名詞だから、動詞にしようとするときは、「する」をつければよい。しかし、もともと抜歯は歯を抜くことで、動作を表す。それなら、「抜歯して」と言わずに、「歯を抜きて」でいいじゃないかと思うのだ。

おそらく、この言葉の始まりは医者の専門用語で、それが一般にも広がったのだろうが、なんでも名詞化しておいて、さらにもう一度、動詞の扱いをするのが最近の傾向のように思う。「お茶する」など、名詞に「する」を付けて、何でも動詞化してしまうのが若い世代の言語感覚なのかもしれない。

「手作り」も、私のあまり好きではない言葉だが、「お菓子を手作りして」などと言われると、衣の厚いてんぷらみたいにはがゆい。「お菓子を作り」と言えば、手で作ったにちがいないのに、最近のように自家製のものが少なくなってみると、あえて強調したくなるものなのだろうか。

人間「一個」

日本語はなかなか難しい。特に動詞はかなり種類が多くて、どこに、なにを使うかということはけっこう頭を使う。

たとえば、「洋服を着る」という動作のなかでも、カーディガンなら「はおる」とも言うし、スカートなら「はく」と言う。「はく」は靴や靴下、足袋、下駄や草履にも言う。「はく」は、いろいろな漢字があって、「佩く」「帯く」「着く」「穿く」「履く」がある。腰に付ける、帯びるという意味で、太刀などを「はく」と言っても、ベルトは「はく」とは言わないようだ。

眼鏡は「かける」、手袋は「はめる」、帽子は「かぶる」。では、スカーフは？

どうも、ベルトやスカーフは独特のものはない。「する」で代表する。

化粧のほうでも、口紅は「さす」「塗る」「つける」などと何種類かある。また、頬紅だったら「刷く」、白粉は「叩《はた》く」と言う。

似たような動作を、よくこんなに区別したものだと思うけれど、じゃあ脱ぐときはどうなのだろうか。服も、靴も、靴下も、カーディガンも、すべて「脱ぐ」で片づけている。化粧を落とす場合は特定されていなくて、「落とす」だろうか。

身につけるときはさまざまな形態があって、それぞれにふさわしい言葉が生まれたと思われるが、脱ぐときは特に決まりや型がないから、全部「脱ぐ」で間に合うのだろう。

英語ではなんと言うのだろうか。帽子を被るのも、服を着るのも、靴を履くのも、「put on」だろうか。言葉の複雑さはコミュニケーションのほうからすると困難なこともあるけれど、これこそ文化だと思う。

近頃、物の数え方が単純になってきた。犬猫は一匹だが、兎は一羽と言う。箪笥は一棹、鏡台は一面。ところが、この頃、とてもそんな面倒なことは覚えていられないので、なんでも「個」にしてしまう。箪笥一個、鏡台一個、人間「一個」。単純がいいとも限らない。

チンする

たとえば、魚は焼くという、おでんを煮る、野菜を炒める、あんまんを蒸かす、ご飯を炊く、おこわを蒸す。蒸し焼きなどという、蒸すのと焼くのとを同時にするのもある。料理はその方法によって名前が付けられている。料理のしかた、つまり人が食べられるようにするための方法の数だけ、言葉がある。

電子レンジという便利なものがある。なんでもかんでも電子レンジにかければOKというわけだ。レンジでは、無論、「煮る」とか、「温める」こともできるし、焦げ目のつくのもあるから「焼く」のもあるけれど、煮るでもない、焼くでもない、蒸すでもない、それでいて、煮たのと同じ、蒸したのと同じようになる。

料理の上では、茹でるとこぼれてしまう栄養が、これだと損なわれないので、このほうがいいと言われる料理法もある。主として下ごしらえの段階。しかし、この料理法まだ名前がない。便宜上、「チン」と言う。「このじゃがいもは、あらかじめ二分ほどチンしておくとよいでしょう」という具合に使う。

「先に寝ます。テーブルの上のもの、チンして食べてください」、これは、午前様の夫に対する妻のメモ。「三日ぐらい私がいなくたって、チンして食べとけば死にゃしないわよ」、これも妻の言。こんな具合に一般化している。まあ、定着化と言ってもいいが、それにしても、「チンする」ではあまりに文化的ではない。なんとか、いい言葉ができないものか。

実際の物なり、出来事なりが先にあって、それから言葉がついてくるのだから、この現象は当然のことではあるが、それにしてもネーミングが遅れていはしないか。社会の動きが早すぎて、言葉がついていかない。

言葉は誰かの発明でできるというものばかりではないから、自然に生まれてくるには、それなりの時間がかかるというものだ。まして、熟成するまでとなると、よほど時間がかかる。そうしてできた言葉を容易に捨ててしまうのも、考えてみればもったいないことだ。

じょうおうばち

「錠追う蜂」、むむ、なんだ、これは⁉　じょうおうばち、と打って変換したら、こう出てしまった。なるほど「女」は「じょ」であって、「じょう」ではない。そうかそうか。じょおうばち。なるほどなるほど、こんどはきちんと出た。

なるほど、〝ワープロはさすがに、ワードのプロだわい〟と妙な感心をして、でも、どこか隙間のほうで、使用人に使われている主人のような気にもなる。

たしかに「女」は「じょ」であって、「じょう」ではない。しかし、私たちは、たいてい「じょーおーばち」と言っている。

岩手県を旅したとき、「おくのしょうぼじへ連れて行く」と言われて、〝なんのこっちゃ〟と思ったことがある。「奥の正法寺」であった。目黒のほうで、「せいしょこさまに行こう」と言われたこともある。「清正公」、つまり加藤清正の寺であった。

たしかに「じょおうばち」「しょうほうじ」「せいしょうこう」である。言葉が詰まったり、伸びたりするには、それぞれの理由がある。「じょうおうばち」の場合は音便のような理由だろうか。「しょうぼじ」の場合は「奥の」と繋がって、音数の具合だろう。「せいしょこさま」は、特に「さま」を付けたときは庶民の知恵で短く言うことか。

各自、理由は違うし、正法寺や清正公は正式に言えば元にもどるたぐいだ。しかし、こうした省略や縮めて言うことが正式になってしまう場合もある。

言葉というものは、どうしても文字でしか残っていない。研究者の努力で、昔は母音が八つもあった、したがって『源氏物語』の読み方がいまとはだいぶ違うらしいことが分かっている。言葉の研究は文字が中心にならざるをえないのかもしれないが、話し言葉は研究に縛られない。

みそひと文字と三十一音との間にはすこしずれがある。「じょうおうばち」「しょうぼじ」のように、口で言いやすいように変化させている。言葉というものは弾力のあるものなのだ、少なくとも口に乗せる言葉、耳で受け止める言葉は。

図鑑語

日本語には同音異句が多いので、耳で聞いただけでは分かりにくいものがかなりある。近頃、植物名、動物・昆虫名、鳥の名前のたぐいがほとんどカタカナになってしまって、とんだまちがいをしてしまうことがある。「烏の豌豆《えんどう》」と書いたら、「「烏野豌豆」だよ」とある人からご指摘をいただいた。なるほどなるほど、ありがとうございました。

漢字はたしかに難しいが、一つ一つ意味を持っているから、目から、つまり視覚から覚えてしまうと、言葉の背景にあるものまでインプットされて、案外すんなり頭に入ってしまうこともある。たとえば、「ブナ」という木は「木偏」に「無」と書く。かつては、役に立たない木なので、そういう字が当てられたという。

桜に、彼岸桜と緋寒桜とがある。ヒガンとヒカンでまちがいやすいが、字で見れば、よく分かる。お彼岸のころに咲く彼岸桜、冬の寒いころに咲く寒桜で緋色のもの。でも、カタカナや音では分かりにくいので、このごろ、緋寒桜のことは寒緋桜と言っている。

手元にある植物図鑑をぱらりとめくっただけでも、漢字ならすんなり分かるのに、という名前がある。たとえば、「シノブノキ」。漢字で書けば「忍木」。「ホザキヤドリギ」なんて、どこで切ったらよいのか。「穂咲宿生木」と書いてくれれば、花の様子まで推測できる。「ウケザキオオヤマレンゲ」は「受咲大山蓮華」、意味を塊で覚えられる。「カラタネオガタマ」は「唐種小賀玉木」(招霊木)、たぶん中国産の植物だろう。「ダンコウバイ」は「壇香梅」と書いてもらえば、よほど香りのいい木かと思う。

カタカナの下に漢字で名前を書いてある植物園は、とても便利。幸い日本語には漢字、ひらがな、カタカナがあり、どちらにも利点はあるのだから、頑にどちらかに決める必要もない。そのどれをもうまく利用して、表現、伝達の幅をひろげてもいいように思える。

一音違い

「ねざめ」と「めざめ」とは、どう違うのか、という質問を受けた。『広辞苑』によると、どっちも、まず「眠りからさめること」と書いてあるから、そのあたりまでは共通。では、使い方はどうか。「寝覚めが悪い」「目覚めが悪い」。「心地よい寝覚め」「心地よい目覚め」。『広辞苑』の例には、「寝覚め」に悪いほうが、「目覚め」に心地よいほうがあげてある。

「夜中にふと」のときは、「めざめて」とは言うが、「ねざめて」とは言わない。一晩眠って、朝、目が覚めるのを「ねざめ」、目そのものがはっきりするのを「めざめ」、そんな分類なのだろうか。「性にめざめる」とか、「その時、はっとめざめた」と言うときは、「ねざめた」とは言わない。

一音違いで紛らわしい言葉は多い。「歪み」と「歪み」、「埋める」と「埋める」。漢字で書くとなんのことか分からないが、「ゆがみ」と「ひずみ」、「うめる」と「うずめる」である。「穴をうめる」と言う。「穴をうずめる」とは言わない。「何々を穴にうずめる」とは言う。「広場は人でうまった」「広場は人でうずまった」は、どっちだろう。

「起きる」と「起こる」。事件が起きる、起こる。どう違うのだろう。自動詞と他動詞、「起こる」「起こす」なら分かるけれど。

「撫でる」がすこしなまって、「撫ぜる」。「拾う」も「ひらう」と訛る人もいる。訛りがいずれ、どっちがホント？ というようになっていくのだろうか。

もう一つ、似たようでも、まったく違う言葉で気になるのは、「手ざわり」と「耳ざわり」。漢字で書けば一目瞭然だ。手で触った感触「手触り」と、耳に障りになる聞きづらい「耳障り」。だから、「耳ざわりがいい」なんていう言い方は出てこないはずなのに、けっこう耳にするのは、耳障りだ。

このごろ、難しい漢字はできるだけ平仮名で書く、というほうへ傾いているから、そういうことになる。先の「歪み」「埋める」は漢字で書くと分からないが、漢字で書けばまちがわない言葉もある。

ごっちゃ

「何々委員長来る」、選挙の前になると、あちこちの電信柱にこんなポスターを見かける。

この看板を見ると、いつも気になってしかたがなかったのだが、日常生活で私たちは「くる」と読んでいるから、どうも座りが悪い。文語に慣れている明治生まれの人なら、「きたる」と自然に読む。でも、このポスターは文語口語どちらとも言えないから、唐突だ。

現在の歌は文語と口語が入り混じっている。もう、あまりに混ざっているので、とやかく言う人もいなくなってしまったほど。たしかに文語だけで表現しようとすると、どうも借りて来た着物を着ているようでむずむずする。そうかと言って、口語だけでも落ちつかない。やはり、どこかに短歌は文語だという概念が離れないのだろうか。

したがって、私も混合体を使っているのだが、他人の短歌のなかに出て来たとき、「来る」は一読では正確に読めないことがある。文語か口語か、あらためて見て、その上、音数がどうか確かめてから読む。若い読者は一〇〇パーセント「くる」と読んでから、あれっ、と言う。

それから、「妻が手料理」などというときの「が」。現代語だと「の」に当たるわけだが、文章のなかではまごつくときがある。「妻がゆくえを訪ねたり」なんて言うとき、「妻の行方」なのか、「妻が訪ねた」のか。

すべてが文語文、口語文ならそれで分かるが、先ほど言ったように、これが混合文のなかに使われていると、判断しにくいときがあるのだ。

いまの短歌はナンデモアリだ。外国語でも、流行語でも、省略語でも、専門用語でも、知らないほうが悪いと言わんばかり。そのなかで、このごっちゃはむずかしいところにきているようだ。前記の場合、「妻の行方」のほうがいまは自然だが、こうして言葉は変っていくものなのだろう。

AMURAD

「アムラッド工法」というのをご存じだろうか。鹿島建設が開発したビルの建て方である。従来の建て方は、まず一階を組み立て、その上に二階を建て、その上に三階、と積み上げていく。ところが、これは逆。初めに最上階を作って、ジャッキで持ち上げる。その下に次の階を作り、ジャッキで持ち上げ、その下を作る。これだと、高い所で仕事をしなくてすむ、という利点があるそうだ。

ダルマ落としの逆、つまり、「DARUMA」を逆にして「AMURAD」と言うのだそうだ。これ、六月の時点では特許申請中。建設屋ではありませんから、この工法に興味があるというわけではない。興味があるのは、この名前の付け方。

「アムラッド」。なんとなく、英語だと言ってもおかしくないような気がする。でも、そうじゃない。「ダルマの逆立ち」だなんて誰も思わない。

こうした、英語のような、外国語のようなニュアンスなのに、語源がない。語呂合わせのようなものでも、おそらくこの工法が世に認められていったら、言葉も認められていくことになる。言葉って、こうして生まれるものなのか、と思ったのだ。

たとえば、「顔」という言葉がどうして生まれたか、などと、たぶん学者は研究しているのだと思う。むろん、元がはっきり分かるのもたくさんあるだろうが、分からないのもある。専制君主が命令して、訳の分からないうちにそうなってしまったということもあるだろう。そこが言葉の面白いところかもしれない。

そんないいかげんなものを扱っていると思うと、わびしい気がすると同時に、一方では気が楽になる。そんなもんなのだ。新しい言葉は、言葉だけではすぐに消えてしまうこともあるが、実態があるかぎり、あるいは事実そこにあるという場合は、市民権を得て、根づくことになるだろう。一生に一つくらい、新しい言葉を産み出して、できたら定着させて、残して、死にたいという気がする。この鹿島建設の技師は、それが可能かもしれない。

「わたくし」

「吾　我　われ　あ　わ（古語）。私　わたし　僕　おれ」、たとえば、短歌に一般的に使われる一人称だけでもこれだけある。「僕」「おれ」などは、男性に限られるだろうが、その他は性別では分からない。ためしに類語辞典を引いてみる。

「我　わたくし　わたし　あたし　あっし　わっち　わし　わて　僕　おれ　おいら　こちとら　手前　それがし　小生　拙者　予・余　わが輩　吾人　不肖　拙僧　自分　おのれ……」

挙げればきりがない。

外国語ではどうなのだろう。英語では、すべて「I」ですませてしまうのだろうか。もしそうだとしたら、ずいぶん大きな文化の違いだ。

日本語の「わたくし」は身分や立場によって使い分ける。男の人でも、プライベートで「僕」と言っている人が、公では「私」と言ったりする。身分の高い人に対するときは、「おれ」とは言わないようだ。女でも、よく聞くと、普段は「わたし」で、あらたまると「わたくし」になる。

相手によって変る、場合によって変る、時によって変る「自己」というのは、いったいなんだろう。さらに、「お父さんに見せてごらん」とか、「おばさんが買ってあげよう」とか、自分のことを「お父さん」だの、「おばさん」だのと言うこともある。ご丁寧に相手の立場から自分を見ているわけだ。

これは言語体系からしても、近代性からしても、かなり不都合なことのように思われる、なんだか自主性がないように。でも、私はけっこうこの曖昧さが気に入っている。最近はテレビがあって、そう差がなくなったが、言葉一つで育ちが分かる。出身の地方や家庭、教養から環境までも分かるだろう。

相手によって、立場によって変えることで分かってくることもある。それは怖いことでもあり、秘かに楽しいことでもある。それに、時によって、場によって変るものこそ、「わたくし」というものの本質ではないかと思うから。

欺まん・けん制

いろいろなところで漢字制限が起きている。その一つは文部科学省。「常用漢字」というものを作って、それ以外のものを排除する傾向にある。

新聞を見ていると、「欺まん」「けん制」などという字があって、なんのことだろうと思っていると、「欺瞞」「牽制」のことだった。新聞では「瞞」「牽」の字を制限しているらしい。無論、新聞は一般庶民の読む物だから、やさしく書いてくれるのは大助かりだ。

でも、熟語は二文字、あるいは四文字で一つの言葉なのだから、一文字だけ平仮名にしては、言葉として成り立たない。漢字には一つ一つに意味があるし、特に四文字熟語などには故事があるから、平仮名で書いては、それが埋もれてしまう。

そのあたり、どういう基準で半端な文字を使うのだろう。画数の問題だけではなさそうだ。もっと難しい字がそのまま使われていることもあるから。

また、まちがいから発した結果の狭まりもあるだろうか。たとえば、「一所懸命」が「一生懸命」に、「独擅場」が「独壇場」に、いつのまにかなった。

初めは誤用だったと思うが、いまは後者のほうが通りがいい。「一生を懸命に生きる」なんて、涙ぐましくて共感を得る。私もどちらかと言えば後者派で、なにかの折りに〝あっ、そうだったの〞と知った程度。「独擅場」はパソコンではすぐには出てこない。ワープロ・パソコンによる締めつけだ。つい、たやすく変換できるものに飛びついてしまう、利用者による締めつけもある。

パソコンは、頻度の高い言葉はすぐに変換できる。人名しかり。流行作家なら、すぐ変換可能だが、歌人では斎藤茂吉でさえ出てこない。大会社でなければ生き残れないように、言葉も頻度が高くなければ生き残れない。言葉も、ワープロやパソコンに組み込まれてくると、数の論理に巻き込まれていくらしい。文学が否応もなく経済の論理で測られるようになるのは、理不尽な気がしてならない。

言葉の表情

浦和の駅で人を待っているときのこと。母と娘の親子連れがやって来た。母親が大きな声で「左よ」と言いながら、白い腕を右に示した。「?・」と思ったが、娘はなんの抵抗もなく右へ曲がった。

なるほど、親子連れには言葉はいらない。親子の親密さを、なるほどなるほど、という思いで眺めていた。待てよ、右腕の指示だけが有効に働いて、言葉はなんの役にも立たなかった、ということになる。言葉とは、こんなにも意味を持たないものだったのか。

目は口ほどにものを言い、とも言う。目つきや顔つき、声のトーン、指の方向や、体の向き、そんなものが全部表現の方法だ。日本語の書き言葉は、漢字、ひらがな、カタカナ、もちろん外国語のスペルをそのまま書く、おまけにルビ（ふりがな）まであって、表記にかけては（たぶん）世界一だろう。

表現にしても、語尾の「です・ます」「だ」「である」など、とにかく多い。「です」と「である」で、意味が変るわけではないのに、言葉の表情が違う。

どこの国にも言葉の表情というものはあるのだろうが、こんなに多種多様なのは、そう多くはないように思う。

複雑ということは、難しいということでもあって、できるだけやさしくしようという意見が出るのは当然ではある。けれども、複雑なことはそれだけ楽しい、味わい深い、ということでもあるので、まったく無意乾燥なやさしさになってしまうのも、もったいない。

複雑なことを避けようとするせいか、反語が使い難くなった。「嫌い」と言えば、嫌いの意味しか伝わらず、「嫌い」と言いつつ、ほんとうは「好きなのを分かってほしい」という情は理解されなくなった。

「左よ」と言いながら右を指差すというような母娘の会話を（まして公の会話ではないのだから）、「ふぁふぁふぁ」と笑ってしまうのが文化なんだと思う、大げさに言えば。

神のご加護

脳というのは、ものすごく精密にできているようだ。そして、細かく細かく、明確に、役割分担が決まっているようだ。

たとえば、顔の形を認識する細胞、それがなんという人かを認識する細胞、どういう人かを認識する細胞、名前を声に出して言う細胞、字で書く細胞、おそらく自分に対してプラスの人間かどうか見分ける細胞なんていうのもあるはず。また、それに対して、にっこり笑いかける細胞、などなど。とにかくとにかく、役割分担が分かれていて、一つでも欠けると、その部分が表現できない。ちぐはぐになってしまうというらしいのだ。

なんとなく、一つの構文に似ているように思う。一つの細胞が的確に働いていなくても、なんとなくその周辺をさぐることはできそうだ。しかし、正常に働いていないと、どこかちぐはぐになってしまう。ところが、脳ならば医者が判断してくれるが、構文は判断してくれる人がいない。なんとなく分かり合ってしまえばそれでいい、という感じになる。

結局、なんとなく曖昧なまま、通過してしまう。じつは、言葉は、その場所で、的確に働く、的確に機能するのが本来の姿だろう。

おそらく、すぐれた歌というものは、一つ一つの言葉が、的確に機能している状態を言うのではないかと思う。常々、日常生活のなかでいちいち脳細胞のことを意識することはないのだが、さまざまなことを同時にしているらしい。それと同じように、同時にさまざまな作用をしてしまう歌。漢方薬が多くの種類が混ざり合って、さらに効果をあげるというように、言葉同士がたがいに作用しあう歌。

なにげなく作っているようでいて、ほんとうは緻密にできている。そんな作品を作りたいものだ。それって、じつはとてもシンプルなものなのではないかという気がする。シンプルだが緻密、単純だが濃厚。たぶん、神のご加護がないとできないものなのだろう。

略語

日本語は省略するのが得意らしい。特に外国語を短く言うのはお手のものだ。「スーパー、バイト……」などなど。

おまけに、「ナイター」とか、和製英語までできている。東京新聞の「家庭くらし」という冊子のクイズからの引用だが、「バーゲンセール、エアコン、アフターサービス、ジーパン、リストアップ」も和製なのだそうだ。こういうのを見ていると、日本人の、言葉を作る才能は天下一品。

これらは英語にもありそうだし、なんとなく意味は分かる。でも、最近はちょっと変ってきた。年末に流行した「Y2K」。いったいなんの略なんだか分からないまま使っている。以前からBGMなんていう略し方はあったけれど、「エアコン」や「アフターサービス」とは違うような気がする。

新聞を読んでいたら、「F1」という言葉が目に入った。あの自動車の競走のことではないらしい。若い世代のことを言うのだと、そこには解説されていた。「今年のF1世代に向けたファッションは……」というように使う。

どういう言葉の略なのかは出ていなかったが、ともかく、これはもう言語の範疇からはみだしているとしか言いようがない。

言葉を放棄して、記号化している。（元来、言葉は記号だという考えはあるが、そういう意味からもはみ出して。）言葉には伝統がある、つまりアナログだ。しかし、このF1には前後の文化はない。デジタルだ。（ああ、ここでも英語かなんか知らないけど、つい使ってしまった、私も。）

もう一つ気になることは、これほどたくさんの新しい言葉を生み出していながら、ほとんどが英語まがいの言葉だということ。日本語らしい言葉は生み出されていないのはなぜなのだろう。これは軍隊によらない侵略じゃないかと思うけれど、向こうに言わせれば、ちっとも攻めていないのに本丸を明け渡してしまうのはそっちじゃないか、ということになるだろう。

2

「きょん^{2}」

日本語は、ホントに、まったく、チョー難しい。

言葉も難しいが、表記が一筋縄ではいかない。本来、なんてあらたまることはないが、日本語の表記は縦、のはず。ところが、横に書くことが多くなった。かく言うワープロ・パソコン関係はほとんど横書き。横書きで違和感なく書いていたものを、さてプリントしよう、とする段階で縦にするわけだが、そうなると、とたんに〝あれれ〟ということになってしまう。

たとえば「マイナス十四度」と書きたいとする。「マイナス一四」という書き方もある。「マイナス14度」、あるいは「-14°」でも、「－１４。」「－14℃」、いったいどんなふうに書いたらいいのだろう。こんな歌を作らないことがいちばんだが、作るときはうっかり作ってしまうのだ。

じゃ、水の記号はどうか。「$H_{2}O$」、あるいは「H2O」なんていう組み方もできる。「$H^{2}O$」はどうか。2をどこへ付ければいいのか。まずはこんな歌を作らなければいい。

最近の若者は言葉が乱れているという。たしかにそうだが、たぶんいつの時代も若者は乱れていたのではないかと思う。そうして、すこしずつ変ってきたわけだ。しかし、乱れているだけではない、なかなか感覚がすごいなと思う言葉もある。

「めちゃめちゃ」を「めちゃ^2」と言う。二乗というのも、縦書きではなかなか難しいが、日本語がすっかり横書きに馴れてしまったから、自然に流行ってしまった。

「めちゃ^2」は足し算ではなく、掛け算。「めちゃ」と「めちゃ」を掛けるのだから、単純に倍になるわけではない。「きょん^2」から始まったことらしい。音で「きょんきょん」というのなら、さほど驚かないが、この表記はなかなかだと思う。

井上ひさしさんは日本語は「見る言語」だと言う。歌舞伎の題名「艶姿《あですがた》女舞衣《おんなまいぎぬ》」など、視覚的表現だと言う。日本語は視覚的にも表現ができる。「きょん^2」や「めちゃ^2」など、誰が考えたか知らないが、言語感覚にすぐれている人であることはまちがいない。言葉を愉しむプロだ。

人間なんて

聞きかじりで言うのだから、なんとも心許ない話なのだが、言葉の起源にはいくつかの説があるらしい。猿から進化したころから、人間には言葉があったのだろうくらいで、起源なんてものに関心を払うこともなかった。

まず、「ワンワン説」。擬声語が始めだったという説。単語は模倣した音声から構成されたのだという。次に「コーフン説」。感動したときに無意識に発する叫びがもともとの起源だったという。「ヨイトマケ説」。協力して作業をするときのかけ声が起源だったというもの。

その他にもいくつか書いてあったが、あんまり理解できなかった。W・R・ブレインというイギリスの学者が書いた論文を東大の先生が訳したものだが、なかなか楽しい訳だ。もっとも、どれが正しいのか、ほんとうにそうなのか、私には分からないが。

いずれにしても、人間が言語を獲得してから、文化というものが生まれたことにはまちがいないだろう。日本語は複雑で覚えにくいから、国語をフランス語にしてはどうかという議論が戦後あったらしい。梅棹忠夫氏なども訓読みを止めてしまえというものだったらしい。言語として不完全とか、システムとして問題があるから変えてしまうというのは、なんだかご都合主義のように思える。

だいたい、言語学とか人類学というものは、学問が先行するものではない。すでにあるものの分析によって、そういうシステムを作り上げた人間の本質に迫るもののはず。

日本語は複雑だ。表記だけでも漢字、ひらがな、カタカナ、ルビまであって、こんな便利な言葉はない。表記の多様さが複雑な表現を可能にする。同音異句が多いのも混乱の一つだが、音の同じもの・近いものだからこそ生まれる詩的レトリックだってある。

それともう一つ、明快な文章が書けないというが、かならずしも明快でなくたっていい。人間なんて、じつに曖昧なものだ。曖昧な人間を明確な言葉で表現しようとするのが問題なのではないかと思う。

塀が低い

手元に『明解国語辞典』がある。戯れに「国語」を引いてみる。「それぞれの国におこなわれている言語」「日本語」と出ている。小さい辞書だから、その程度。

他の辞書では、「①その国において公的なものとされている言語。その国の公用語。自国の言語。②日本語の別称。③漢語・外来語に対して、本来の日本語。和語。やまとことば。」。

また、他の辞書では、「ある一国における共通語または公用語、その国民の主流をなす民族が歴史的に用いてきた言語で、方言を含めてもいう。」と言う。

多くはその国の公用語、特に日本に限って言えば、漢語・外来語に対して言う、というのが一般的だ。なかには、「借用によらない日本固有の語」というのもあった。

その国語辞典のなかに、いきなり、「アクア」とか、「アアティフィシャル」とか、「アアンドラン」とか、「アイアン」といった言葉が入っている。たしかに公用語かもしれないが、「アアンドラン」なんて、私にとっては専門語以外のなにものでもない。ともかく、いきなり〈外来語〉

が「国語」として国語辞典に収まってしまう言語ってなんなんだろう。「借用によらない」とか、「固有の」と、わざわざことわってあっても、何の抵抗もなく国語として外国語を使ってしまう民族なんだとつくづく思うのだ。新聞を見ても、テレビを見ても、外国語の氾濫だが、それさえ、案外抵抗なく暮らしているのが日常だ。

明治のころは、外国語が入ってくると、それを日本語に（これはつまり、特有の、借物ではない言語に）翻訳していた。翻訳するということで、日本の文化のなかに取り込もうとした。いまは翻訳しない。外国語をそのまま日本語のように、あるいは「国語」・国の言葉だったように使っている。

カタカナ・ひらがなの、音で表す言葉と、漢字のような意味を表す言葉が同時に存在するから可能なことなのだろう。しかし、「国語」の塀が低い言語であり、人種なのだとつくづく思う。

じんじん・ばりばり

濁音というのを嫌う人がいる。というより、短歌を作る人はたいてい嫌いだ。特に年輩の方で、和歌の素養のある人ほど、忌み嫌う傾向にある。言葉の印象がいやなのだろう。濁、にごるというのがいやなのだ。

たしかに清音と濁音を比べると、音感からくる好悪はあるようだ。この違いが端的に表れるのがオノマトペ。「さらさら」は心地よい小川の流れだが、「ざらざら」は良くない手触り。「ころころ」は可愛いが、「ごろごろ」は憎たらしい。「しんしん」は寒いが、「じんじん」は痺れる。

このように、濁音はあまり良くないことを言うときに使われるようだが、清音でも「きんきん」だの、「きょろきょろ」などは、あまりいい印象にはならない。また、濁音でも、「ぐんぐん」「ばりばり」などは悪いというより勢いを感じる。エネルギッシュな語感だ。いずれも使われてきた歴史があって、私たちはその慣用に対して馴れというものができてしまうのだ。

もう一つ、濁音だからという理由で嫌われるのが助詞の「で」と「が」。現代語で歌を作っているると、どうしても使わなければならない助詞だが、文語まじりで作っている人は、「の」や「に」で代用させているようだ。

鼻濁音がなくなって、さらにその感は強まったのだと思う。鼻濁音は濁音ではあっても、鼻に掛かる柔らかさがあった。フランス語かなにかのように、甘ったるい雰囲気も持っていたが、いまはすっかりなくなってしまったようだ。

私はあまり濁音が気にならない。だいたい、濁るということが、そう嫌いでもない。むろん世情が濁っているのはいただけないけれど、濁っていることの安心感みたいなものがある。だから、というわけでもないが、私の部屋は雑然と濁っている。

言葉は適材適所だから、濁音だからダメということもないはず。むしろ、そぐわない、無理な言葉のほうがずっと醜いと思うのだが。

混ざる

最近の歌は口語と文語の入り混じった作品が多い。もちろん、私もその一人で、人ごとではない。なぜ、こんなに混じってしまうのか。私のことで言えば、やっぱり古い言葉では実感が出ないということがある。

たとえば昔々、地方から出てきた青年が方言なら自由に話せるのに、標準語を使おうとするとぎくしゃくする、ということがあったが、それに似ている。着慣れない和服を着たときのように、肩肘張ってしまうような気もする。それなら、全部口語でいけばいいじゃないかと言われそうだが、やはり形式が口語だけを選ばせない。

それとはまた別に、混ざってしまう要素が、日本語にはあるような気がする。日本語にあるのではなく、日本人にあるのかもしれない。

日本語はつくづく垣根の低い言葉だと思う。日本語あるいは国語と言いながら、どしどし外国語を吸収してしまう。吸収して日本語に換えてしまうならいいが、もしかしたら日本語が変ってしまうくらいに吸収してしまう。

また、男言葉、女言葉も、現代ではまったくない。小説を書く人はどうなのだろう。男言葉、女言葉で、会話の変化が充分できた時代もあったが、いまの小説の会話は説明を抜きにして男女を区別できないだろう。

一人称で年齢、性別、氏《うじ》、育ちまで区別できたころもあったが、いまの高校生の会話を聞いていると、女生徒が「僕」と言っている。さすがに、男生徒は「わたし」などとは言わないが、中年の男性は「わたくし」と言うから、かならずしも女性言葉ということでもないらしい。武士の言葉とか、町人の言葉とか、むろん地方によって言葉は違うのが当然だった。

言文一致というのができて、文章もしゃべり言葉も一緒になったが、口語といってもしゃべり言葉とは違った、あくまで文章言葉だったが。いまはそれとも違うしゃべり言葉に近くなった。どんどんハードルが低くなる。言葉も生活も。

「命令」と「お願い」

「らぬきの殺意」という芝居を観た。

言葉に厳格な国語教師と若い男性（と言っても、これが一般的な水準）の確執が殺意にまでエスカレートするという喜劇。この芝居のなかでは、「ら抜き」ばかりでなく、若い女性の使う、なんの脈略もなく、「っていうかあ」から始まる言葉や、「超なになに」、あるいは敬語の乱れ、過剰敬語などが飛び交って、現代言葉事情なるものがよく分かった。

なかで、〝なるほどな〟と思ったこと。登場人物の一人、掃除婦兼経理担当兼副社長兼社長夫人という役どころなのだが、これが見事に男言葉。それで、なぜ男言葉を使うかという説明を延々と聞かせる。その、延々と、をひと言で言うと、命令形が女言葉にはない、ということだ。あるのは、「お願い！」という媚びだ、とその社長夫人は言う。

外国語（いちおう英語）は一人称二人称はあっても、俺とか、あたしとかの男女の区別がない。文法上の命令形は男女どちらでも使える。丁寧な言い回しというのはあるかもしれないが、男女の区別の上で違いはない。日本語は日本の社会の制度が生んだ言葉だから抵抗するんだ、と息巻いている。

「命令」と「お願い」の違いはなかなかだ。歌は忘れてしまったが、内容だけ言うと、娘にああしろと命令したら、人にものを頼むのにその言い方はないだろうと反発されたというのがあった。親の言うことが命令だった時代はたしかにあった。しかし、いまは軍隊もないし、絶対のものとしての命令はなくなってきてしまったのか。

会社の上司も、もしかしたら厳密な意味では「命令」ではないのかもしれない。そうなると、変えなければいけないか。「未然・連用・終止・連体・仮定・お願い」

この社長夫人、男言葉を使うと、行動や仕草も男っぽくなる。「っていうかあ」と言いつつ過剰敬語を巧みに使い分ける若い女性は、そのたびに仕草が変っている。足の組み方、歩き方、すべて。つまり、言葉は単なる音声ではないのだ。

「スイカ」と「キヨスク」

鉄道ファン、と言うほどでもないが、かなり汽車・列車は好きなほうだ。あえて言えば、国鉄ファンと言えばいいだろうか。なんとなくノスタルジックなイメージで。

国鉄の名称が変っただけだから、それに引き続いてJRファンと言いたいところだが、どうもイマイチ、ぴんとこない。その一つはやたらに事故が多いこと。京浜東北線、高崎線、中央線、毎日、どこかで事故・遅延が起きている。

さらに、もう一つ気になるのが、JR好みとしか言いようのないネーミングである。いっとき、国電に替わるものとして「E電」というのがあったが、さすがにこれは流行らなかった。最近、「スイカ」というものを宣伝をしている。なんのことだろうと思ったら、定期を定期入れから出さなくても、スーと通れるというものだった。すいすい通れるから「スイカ」なんだそうだ。おいおい、ちょっと安易じゃないのと言いたくなる。

かと思うと、「カンテイカイ」というのがある。さて、なんでしょう、というとクイズみたいだが、新幹線定期併用回数券のことだという。こちらは、「スイカ」と違って、いちおう頭文字をとった略記号だということになるから、意味はある。意味はあるが、あまりにダサイ。

いまのＪＲには、たぶん二つの勢力があって、拮抗しているのだと思う。音感でいこうというフィーリングタイプ。もう一つは言葉の意味をなにがなんでも固守しようというアナログタイプ。その二つが交互にネーミングを考えているのだとしか思えない。

けれど、結局、どっちだって、ぴたっとミットに収まったという感じはしない。とにかく、ＪＲは言語センスが悪い、悪すぎる。「キヨスク」なんていうのも、むりやりどこかの国の言葉を持ってきたらしいが、「売店」のほうがよほど暖かい。

なぜセンスの悪い言葉になるのかといえば、まず根っこのない言葉であること。相手に内容を伝えるより、愛称で付き合おうとする媚びがあること。むりに押しつけようとすること。要は、言葉をもてあそんでいるのだ。これじゃ、人々はついていかないゾ。

至る

「春が来る」と言う。「夏が来る」とも言う。しかし、「秋が来る」とは、あまり言わない。ましてや、「冬が来る」とは言わない。冬は「至る」なのである。つまり、「冬至」だ。

春は「来る」が、冬は「至る」なのである。

意味だけを考えれば、どっちだって、そう変りはないかもしれない。けれど、言葉にとって、

「意味」より「使い方」のほうが重要だ。

なぜなら、言葉は使われることによって本来の意味を持ってくると思うからだ。春でも冬でも、季節は到来するのである。けれども、私たちは春は待っているけれども、冬は待っていない。春は「いよいよ来た」のであって、冬は「とうとう至って」しまうのである。

日本人はやはり、どこかで暖かさを心地よいと感じている。だから春を待つのである。日本人がどういうことを心地よいものとしてきたかということが、広い意味での文化ということになるのではないか。

美意識というものも、作り出されたものではなく、私たちが感じていることが、形になったことなのだ。春だって、秋だって、私たちは美を感じてはいるが、言葉の上では「春」のほうが愛されている。待たれている。

秋は、別の意味で、つまり滅び行くものへの哀惜のような心情で愛しているのだろう。

言葉は文化そのものだ。使われ方のなかに、私たちの（あるいは私たちの祖先の）感じ方、考え方、あるいは物の見方が集約されている。

いつでも、どこでも、新しい言葉は生まれている、作り出されている。しかし、定着するには何年かかるのだろう。どういう言い回しで、私たちは自分を述べていけばいいのだろう。そう考えると、おろそかにできないのが、やっぱり言葉だということに「至る」。

賜う・賜る

正しい敬語の使い方と言われると、私も自信がないから、大きなことは言えないが、そのなかでも、特になんだかややこしいのが、「給う・賜う」である。

念のため、『広辞苑』を引いてみる。

「①《他下二》謙譲語。いただく。②《助動》「見る」「聞く」「思う」などの動詞に付けて、謙譲語。拝見する」。もう一つあって、さらにそれが二つに分かれている、そのうちの一つ。「①《他四》目上の者から下の者に与える意の尊敬語。お与えになる。くだされる。②目上の人に向かってのかしこまった発言で、第三者に対する自己側の動作に使い、いただかせる、の意」。もう一つ、「①その動作を行う人を敬う尊敬の意を表す。…なさる。お…になる。②(命令形を用いる)男性が同輩以下の人に対してやわらかな調子で命令する意を表す。「まあのみ―・え」」。

「賜る」を引いてみると、「《他五》①いただく。②お与えになる」。

「賜う」は「たまう」なのか、「たまわる」なのか、文語口語入り混じって、読み方からして、すこぶる難しくて曖昧だ。

要は、尊敬語なのか、謙譲語なのかが、すぐには分からない。もちろん、文脈から押せば分かることになるのだけれど、なにも同じ言葉を正反対の敬語として作らなくてもいいのにと思うのだ。なぜ、こんなややこしいことにしたのだろう。

「くださった」から、「いただいた」わけで、なんの矛盾もないけれど、単独で使うと、はてどっちだっただろうか、ということになる。

日本語は曖昧な言語だと言われている。それはこんなところにもあるのかもしれない。

『広辞苑』には、二つの項目として出てくる。一つにして①②③④とすればいいではないか、げんに①から⑦まである言葉もいくつもある。そこも、すでに曖昧だ。

こんなにややこしくしておくから、辞書に括弧付きで、「口語ではあまり使われない」などと注釈が必要になってくるのだ。漢字の改革・簡素化はある程度進んでいるようだが、敬語に関しては、まちがって使っているとか、このごろの若い者は、と言って非難するだけで、根本的な改革には繋がらない。

もっとも、改革する必要があるかどうかは別だ。いくら曖昧だっていいじゃないか、と思う。

中心と東西南北

秋だ。なんて言わなくても秋だ。秋は紅葉のシーズン。十和田湖もいい、八幡平もいい、白神山地の山毛欅《ぶな》の紅葉もいい。嵐山も見事だ。日光か、けっこうか。さて、どこへ行こうか。駅を通るたびに、きょろきょろとポスターを見回している今日このごろだ。

「南東北」という看板。うん？　西が抜けてる。となりの看板は「北東北」。ん？　北北東？　なんのことはない、東北地方のうち、南にあたる福島・山形あたりを「南東北」、青森・秋田あたりを「北東北」と言うらしい。

そういえば、つい先ごろ、「西東京市」というのもできたはずだ。東京の西地区に当たるということらしい。京都に対して東の京ということで「東京」になったのだから、さらにその西とか東とか、だいたい東西南北ですべてを表そうというのは、語彙の貧困さとしかいいようがない。

私の住んでいる「さいたま市」も、政令都市になるために「区」を作るらしく、区名の募集をしている。なかで、けっこう多いのが、東区、西区、北区、南区、中央区というもの。さいたま市民として、ちょっとはずかしい。

浦和と名の付く駅がいくつあるか、ご存じか。まず、浦和、南浦和、北浦和、東浦和、西浦和、これで中心と東西南北が揃った。さらに、中浦和、武蔵浦和、合計七つ。

浦和という地名がなかなか評判がいいらしくて、こんなことになったのだ。

かつての西の京など、やはり意味があった。都に対する思いがそういう命名をさせたのだろう。地名や駅名がそれほど細かく付いていなかった時代であれば、それもよかった。いまだって、浦和という地名に憧れてというのなら許してもいいが、やっぱり安易なのではないだろうか。

その点、「奥の細道」なんていう言い方には文学的な響きがある。情緒過多にならなくてもいいが、もうちょっとなんとかならないか。

「歌」は……？

私がまだ歌を作っていないころ、詩のグループの例会の自己紹介で、「私は歌詠みですから」と言う人がいた。そうか、短歌を作る人のことを「歌詠み」と言うんだ、と思った。

歌に関わりを持つようになって三十年近くなるが、歌の仲間では「歌詠み」という言い方をする人に会ったことがない。「歌人」と「歌詠み」とは、どう違うのだろう。

歌は「詠む」というのがほんとうかもしれない。しかし、私も文章などを書くときは、「歌を詠む」と書くこともある。しかし、実際には「歌を作る」と言う。歌は「詠む」のか「作る」のか。

あるところの原稿依頼で、「……をご自由にお書きください」と書いてあったので、てっきり文章かと思ってしまったら、作品の依頼だった。そういえば、「歌を書く」と言う人もたしかにいる。もちろん、「歌を書いて提出しなさい」というときは、文字どおり「書く」という行為を指しているのだから、それはいいのだが。

周りの人に聞いたら、圧倒的に「作る」が多く、年輩の方ひとりだけが「詠む」だった。「書く」は、私の周りにはいなかった。

さらに面白いことに、「ながく歌をやってきてよかった」「歌をやっている」などと、「やる」と言う。「やる」と言うと、スポーツかなにかかなと思ってしまうが、そうではないときにも使うのだ。

「歌」という名詞は不動だが、「書く」のか、「作る」のか、はたまた「詠む」のか、「やる」のか、動詞のほうはまだ安定していないということか。かつて、「詠む」や「うたう」と言っていた時代のような声に出して表現することが少なくなって、「作る」というような一般的な動詞に傾いていったのかもしれない。名詞に繋がる動詞は、すぐには安定するというわけにはいかないものだ。

画像と言葉の差違

「北緯〇〇度、東経〇〇度、〇〇ヘクトパスカルの低気圧があって、時速三三キロメートルの速さで北北東へ進んでいます」

夕方、車に乗っていて、天気予報に出会うことがときどきある。船のための天気予報らしく、延々と日本中の地名を読み上げて、前記の、東経何度のとか、風力2とかいった数字を読み上げている。まったくそれには関わりないし、聴いていても分かりはしないのだけど、その口調がなんとも事務的で、抑揚がなく、流暢なので、けっこう面白くて聞き入ってしまう。

それを聴きながら考えるのは、画像と言葉の差違である。もちろん、一般の私たちの聴く天気予報は、何々方面晴れ、風が強いでしょう、といった程度だから、専門のそれとは違うのは当然だが、正確な位置を言うだけで何分もかかってしまう。

画像で示せば、一目瞭然だ。たぶん、画像で示されるレーダーみたいなものも、いまでは船には積んであるだろうが。

道順を教えたり、聞いたりするときに、どれだけ苦労するか、経験をしたことのある人も多いだろう。正確に言おうとすると、何々通りの何という角を東へ曲がって何メートルの何軒目右側、などということになるだろうが、いくら正確に言っても、船の航路を確認する専門家ではないから、なかなか頭に入らない。結局、地図を書いて、ＦＡＸで送ってよ、ということになる。

言葉は受け手の想像力に負うところが大きい。視覚でもなく、聴覚でもなく、むろん、触覚でも、嗅覚でもない。頭のなかの見えない部分で処理する。つまり、あくまでも思考だけの範疇だからだ。たぶん、それはかなり高度のもので、訓練しないと育たない性質のものではないかと思う。

視覚は直接、大脳かなにかに繋がって、考える必要はない、直感に結びついていくのだろう。そんなやっかいな言葉を使って作り上げようというのだから、短歌は難しいわけだ。

土地の名前

一年ほど前、浦和市・大宮市・与野市が合併し、そして今年四月から政令都市になった。政令都市というのがどんなものなのか、いまはまだ実感がわかないが、いちばん変ったのは「区」ができたことである。

市名を付けるときにもひと悶着あったが、区名を決めるのにも喧々囂々《けんけんごうごう》。結局、決まった名前はなんとも味気ないものだった。西、北、南、桜、緑といったもので、味もなければ、そっけもない。市の北のほうだから北区だの、緑が多いから緑区だの、ほとんど根拠はないと言ってもいい。

なかで、一つだけ由緒正しい区名がある。「見沼区」だ。「見沼」は古代からの名前で、古代の祭祀の跡もあるし、江戸期の「見沼田圃」の名残もある。たった一つ、歴史を踏まえた命名だった。しかし、皮肉なことに住民からの反対が起きた。沼という字が付くと、低地と思われて地価が下がる、というのが理由だった。

言葉が、歴史や意味の深さを問われなくなったということなのだろう。あくまでイメージで捉えることのほうが優先される時代になったのだ。特に昔から住んでいる人にとって歴史は大事だが、最近転居してきた人にとっては、そんなことはどうだっていいのだろう。なにかちょっと寂しい気がする。

もう一つ、緑、南、北、西といった命名をしてしまう住民の意識も悲しい。ほんとうに住民が希望したのだろうか。行政のどこかですでに決められていたのではないか。そういう目で見てみると、こんな味気ない命名は、なにもさいたま市に限ったことでもないらしい。西東京市とか、南アルプス市とか、訳の分からない名前が増えている。東の都で「東京」になったのに、さらに「西」を付けて、東だか、西だか訳が分からない。

要するに、「意味」や「歴史」「伝統」はどうでもいいという思想なんだとしか思えない。ちなみに、私のところは「緑区」になった。「さいたま市」が気に入らなかったので、せめて区名だけでもと思っていたが、夢が破れた。

商品名

ホテルのランチタイムはどこも込んでいる。うっかり、時間を考えずに行くと、けっこう待たされることになる。さんざん待たされたあげく、「このなかからお選びください」と書いてある。大した種類でもないのに、あれこれと迷う。もっとも、迷うのが愉しいという一面もある。

パスタとスパゲッティはどう違うんだろう。パスタは小麦粉を捏ねて作った物だから、スパゲッティやマカロニの総称。だから、かならずしも細いひも状のものでなくても、平べったいのもあるのよ、とグルメのT子。じゃ、ヌードルはどう違うの？　ヌードルは西洋うどんよ。じゃ、ヌードルもパスタのうちなの？　うーん、そうかなあ。じゃ、饂飩とスパゲッティとヌードルはどう違うのさ、なんていうことで、午後が何時間あっても足りないような、盛り上がり方。

そんな盛り上がりのあとで、こんな歌に出会った。ヌードルに飛びついている蛙になった私、というのだが、なんでヌードルになんか飛びつくんだろうと、しばし考え込む。

聞いてみると、プールで使う浮き道具の一つだということだ。細長くて、ウレタンかなにかでできていて、軽く、水に浮く。それを摑んだり、跨いだり、手首に巻いたりして使うらしい。アクセントも頭にあるのではなく、後半にある。いまはやりの語尾に力の入った「彼氏（カレシ）」みたいに。

やはり、ヌードルに似ているところから付いた名前らしいが、私には分からなかった。このごろ、スポーツ用品だけでなく、新しい道具や商品が出てくるので、それがいったいなにをするものなのかが、一回聞いたくらいでは覚えられないのだ。

毎日使っているものであっても、一般的には通じるとは限らない。浮輪とか、浮袋とかなら、品物を知らなくても、なにか水に浮く物だという推測はできる。しかし、このごろの商品名は、名前から用途などを推測できる物が少なくなってきている。実体より名前（言葉）先行の時代になったということだろうか。

光と影

「夕影」という言葉がある。『広辞苑』で引いてみると、「①夕方の日の光。夕日の光。②夕日を受けた姿」と出ている。つまり、「影」と言っても、「光」なのである。ちなみに、「夕陰」という言葉もある。こちらは「夕方、物の陰となる所」という意味である。

似たような、音だけ聞けば同じような言葉なのに、意味は全然違う。夕陰のほうは、なんとなくそのまま分かるような気がするが、「夕影」で光を表すのだと言うと、ちょっと意外な顔をされる。

「影」は、単純に暗いところを指すのではなく、明暗をはっきりさせる光を言う。光がなければ影もない。影を光の所産と見ているわけだ。したがって、光と影とは別のものではなく、表裏一体のものであるらしい。

「光」も、「かげ」と読むことがある。音《おん》は「かげ」だが、意味が「光」のことなので、そのように書いてきたのかもしれない。

おそらく、陰影、光と影があって、「物」が形づくられると思うのだ。何か一つで成り立っているものはないと言ってもいいかもしれない。他の例が思いつかないが、光と影という対比が、どこかであらゆるものの存在に通じるのではないかという気がしている。

「かげ」という言葉にも、「影」「陰」「翳」などもあり、「景」も「かげ」らしい。これも表意文字として分解してみると、「日」という字が入っているので、光を示すらしい。文字のなかに「ヒ」と「カゲ」が含まれているというのだから、ややこしい。

谷崎潤一郎が陰影を礼讃したように、たしかに光と影が日本の風土に合っているように思う。わざわざ「夕影」と書いて「光」を表す、というような言語を考えた日本人の美意識をすぐれたものだと思う。と同時に、私自身がそれを受け入れる素地を持っているということに、なにか嬉しい気がするのだ。

あとがき

言葉は面白い。ここかと思えばまたまたあそこ、分かったと思った次の瞬間には逃げられている。正しいと思って使った言葉がまちがっていたということもしばしば。なにげなく使っている言葉の語源を探ってみると、思いがけない歴史が展開されたりもする。

いま在る私は、人類の歴史の流れのなかにたまたまある存在だということも、言葉を調べていく過程で分かってきたことだった。

言葉は文化だと思う。文化、暮らしのなかから言葉は生み出された。したがって、言葉の変遷は文化の変遷なのである。

私たちは言葉を以って短歌を作る。短歌を作るためには言葉を意識しなければならない。言葉の魅力や魔力も感じながら短歌を作っていくのである。一九九四年に「詞法」を創刊し、十年後に「熾」と改名して、新たな出発をした。そのとき、次のような創刊の辞を述べた。

「私たちはなぜ歌をつくるのだろうか。人は、誰でも自己実現のために生きていると言ってもいい。そのために、私たちは、歌という手段を選んだ。作歌という行為を通して自己を見つめ、よりよく生きるために歌を選んだ。

私たちは、いまを生きている。二十一世紀という新しい世紀に入って、早くも四年目に入った。世界では不穏な出来事が多発している。いやおうもなく日本もそれに巻き込まれ、そして私たち個人のレベルでも、けして他人事ではない切実な問題になっている。

そうした時代に私たちに何ができるのか。大上段に構えるわけではない。人としてどう生きるか、人間とは何かという根本的なことを考えながら、歌い続けたい。

ここに同志が集い、新しい集団を作った。ひとりひとりの力は大きくはないかもしれないが、たがいに競い合い、励まし合い、磨きあげつつ、たがいに高め合っていきたい。

「熾」とは、「盛んに起こる火」のことである。『広辞苑』には「燠」と並んで載っている。「燠」は、いまの若い人たちにはわからないものだろう。昔、火鉢を使っていたころ、灰のなかに残って、翌日の種火になったあの火である。

私たちの心の中には、いつでも「燠」のような詩心が埋もれているはずだと思う。誰の心にも詩がある。それを大事に守りながら、いつか盛んに燃える火に育てたい。

詩の心は、自動点火はかなわない。スイッチ一つで火がつくこともない。素朴な、地味な、そして真摯な行為で、じっくりと自分の心に火をつけなければならない。内から起き上がってくる、火を欲する心を大切なものだと思う。

作歌をするということは、ホームランを一本打てばいいということではない。さまざまな人生のなかで、たしかな、着実な、足跡を残していきたいと考えて、ここに「熾」を創刊するものである。」（「創刊によせて」〔「熾」二〇〇四年四月号〕）

「詞法」「熾」を通して、言葉に関するエッセイを書き続けたものを纏めたものである。したがって、多少重なる部分もあるかと思うが、あえて手を加えることをしなかった。これを、「熾」十周年を記念して上梓するものである。

出版にあたり、装丁の大原信泉さん、校正の尾澤孝さん、北冬舎の柳下和久さんに、お世話になりました。あらためて、お礼もうしあげます。

二〇一三年六月

沖ななも

熾叢書 No. 59

著者略歴

沖ななも
おきななも

1945年(昭和20年)9月24日、茨城県生まれ。74年、「個性」入会。83年、第一歌集『衣裳哲学』で第27回現代歌人協会賞受賞。94年、佐藤信弘と「詞法」を創刊。2004年、「熾」創刊、代表。主な著書に、詩集『花の影絵』(1971年、若い人社)、歌集に、『衣裳哲学』(82年、不識書院)、『機知の足首』(86年、短歌新聞社)、『木鼠浄土』(91年、沖積舎)、『ふたりごころ』(92年、河出書房新社)、『天の穴』(95年、短歌新聞社)、『沖ななも歌集』(現代短歌文庫34、2001年、砂子屋書房)、『一粒』(03年、同前)、『三つ栗』(07年、角川書店)、『木』(09年、短歌新聞社)、エッセイ・評論集に、『森岡貞香の歌』(1992年、雁書館)、『樹木巡礼』(97年、北冬舎)、『優雅に楽しむ短歌』(99年、日東書院)、『神の木民の木』(2008年、NHK出版)、『今から始める短歌入門』(11年、飯塚書店)、『季節の楽章』(12年、本阿弥書店)などがある。

明日《あした》へつなぐ言葉《ことば》

2013年8月20日　初版印刷
2013年8月30日　初版発行

著者
沖ななも

発行人
柳下和久

発行所
北冬舎
〒101-0062東京都千代田区神田駿河台1-5-6-408
電話・FAX　03-3292-0350
振替口座　00130-7-74750
http://hokutousya.jimdo.com/

印刷・製本株式会社シナノ

ISBN978-4-903792-42-2 C0095